コミュニケーション力に磨きをかける

コミュニケーション実践入門

中山 芳一●著

かもがわ出版

はじめに

　私は、就職氷河期世代です。朝日新聞社の2012年調査によると、「コミュニケーション力（能力）」という言葉がメディアに頻出するようになったのは、この就職氷河期（1993年から2005年とされる）以降とのことです。そして、2010年から始まる新就職氷河期では、さらにこの言葉が多用されるようになりました。就職活動に向かう学生たちにとっては、「またコミュニケーション力か……」とうんざりさせられるほどの言葉ではないでしょうか。
　ちなみに、私がコミュニケーション力の必要性を感じたのは、社会人になってからでした。というのも、就職氷河期世代の私が最初に身を置いた仕事が、学童保育指導員だったからです。学童保育指導員とは、小学生の放課後の保育を専門に担う仕事です。知らない方もいらっしゃるかもしれませんが、（乳幼児）保育士や幼稚園教諭、小学校等の教諭、あるいは看護師や介護福祉士たちと同様の対人援助専門職者です。そして、この対人援助専門職者とは、コミュニケーション労働者と言い換えることができるほど、コミュニケーション力が問われる専門職なのです。
　学童保育指導員から研究者へと方向転換した私は、学童保育の研修などで講師をする際には、できるだけコミュニケーション力について話すようにしています。また、大学教員としてもキャリア教育を担当しています。学生の社会的・職業的自立を目的としたキャリア教育では、学生たちの「基礎的汎用的能力」（文部科学省）の獲得・向上が大きな柱となっています。この基礎的汎用的能力には、人間関係を構築するために必要なコミュニケーション力が重要な要素の一つとして挙げられているのです。そのため私は、キャリア教育においてもコミュニ

ケーション力に焦点を当てたカリキュラムと教育内容・方法を開発して授業に取り組んできました。

　このようにふり返ると、コミュニケーション力と私はつくづく縁があると感じます。そして、対人援助専門職者（コミュニケーション労働者）や学生たちがコミュニケーション力を獲得・向上させていくためには何が必要なのかを探求するなかで、コミュニケーションとは何か、コミュニケーション力とは何かについて、常に問い続けてきたように思います。これまでも、理論知としてのコミュニケーション論に関しては、諸々の文献をレビューして、哲学・社会学・心理学等の見識を吸収してきたつもりです。しかしながら、学問としてのコミュニケーション学は深淵であり、とどのつまり「まだ明らかにできていない」という見解に立っています。

　それでも私は、常に問い続けながらも、コミュニケーション力を獲得・向上するために何が必要なのかについて提起しなければならないという見地に立ち、本書をまとめることとしました。コミュニケーションの世界を理論的見識から問うというよりも、より実学的に、本書のタイトル『コミュニケーション実践入門――コミュニケーション力に磨きをかける』のように、入門的に展開していくことにしました。

　そこで、本書は以下のような構成で展開します。

　CHAPTER Ⅰでは、コミュニケーションやコミュニケーション力とはそもそも何かについて述べます。さらにそこからコミュニケーション実践に焦点を当てて、コミュニケーションを実践する（意識的に働きかける）ということについて限定的に述べています。

　CHAPTER Ⅱでは、コミュニケーション実践のなかでの意識レベルについて詳述します。特に、コミュニケーション場面において気づきと意味づけをふまえて、さらに行為レベルへと移していくための仮定と判断に到るまでの意識の構造を説明しています。この意識の構造を理解した上で、意識の働きを高めていくことが、コミュニケーション力向上の鍵になるという提起です。

　CHAPTER Ⅲでは、意識の働きを高めるためには、コミュニケーション実践

を省察(リフレクション)することが必要であるとして、省察のための方法を具体的に提示しています。学童保育をはじめとする対人援助専門職者の研修や大学での授業でも活用している「三分割リフレクションシート」に取り組むことで、どのような変化が起こるのかを、実例をまじえて紹介します。

　CHAPTER Ⅳでは、コミュニケーション実践をさらに豊かにするために「ナラティヴ・コミュニケーション」を提起します。ナラティヴとは物語のことです。つまり、コミュニケーションを物語という視点からとらえると、物語のなかにある文脈に意識を向けられるようになったり、物語を共感的に読み開いたりできるようになるとして、ナラティヴ・コミュニケーションの内実を述べています。

　CHAPTER Ⅴでは、実際にコミュニケーション力に磨きをかけるための演習方法をいくつか紹介しています。これらは、私が研修会や授業で実際に取り組んできたものばかりです。コミュニケーション力は、日常的なコミュニケーション実践の蓄積によってはじめて磨きをかけられるものです。研修や授業は、そのためのきっかけづくりという位置づけでとらえています。1つでも挑戦していただければ幸いです。

　このように、本書は5つの章で構成されています。本書が、学生のみなさんや対人援助専門職者の方々をはじめとして、日常的にコミュニケーション実践を営むみなさんのコミュニケーション力に磨きをかけられる一助となることを願っています。

コミュニケーション実践入門
――コミュニケーション力に磨きをかける――
もくじ

はじめに　3

CHAPTER I　コミュニケーション力とはなにか　9

1．コミュニケーション力というものの……　10
2．そもそもコミュニケーションとは？　11
3．人間はコミュニケーションを選択した　16
4．コミュニケーション力は磨きをかけられる？　18

CHAPTER II　コミュニケーション実践とはなにか　21

1．コミュニケーション実践のカギは意識　22
2．アンテナを立てる　25
3．複数のフィルターをもつ　26
4．気づきも意味づけも主観　28
5．引き出しを多く　29
6．なぜ、そのように判断したのか？　32

CHAPTER III　コミュニケーション実践を省察する　35

1．コミュニケーションはふり返りの連続から　36
2．三分割リフレクションシートを使ってみよう！　39
3．対人援助専門職者による三分割リフレクションシート　46

CHAPTER Ⅳ　ナラティヴ・コミュニケーション　53

1．ナラティヴ・コミュニケーションとはなにか　54
2．物語には文脈がある　55
3．文脈依存の危険性　58
4．物語る力　59
5．共感する　61

CHAPTER Ⅴ　コミュニケーション力に磨きをかける アクティブラーニング　65

1．1分ジャストスピーチ【ペアワーク】　71
2．こんなときあなたならどうする？【ペアまたはグループワーク】　72
3．ワンワードゲーム【4〜7人のグループワーク】　74
4．あなたは○○な人【ペアワーク】　75
5．クローズドクエスチョンゲーム【ペアワーク】　76
6．グループディスカッション【4〜7人のグループワーク】　78
7．あなたの思い出を100字に【ペアワーク】　80
8．写真から想像するストーリー【ペアまたはグループワーク】　81
9．ウソつきはどっちだ？【2対2のグループワーク】　82
10．このカードを最後の1枚に！【ペアワーク】　84
11．三分割リフレクションシートの活用　85

CHAPTER I
コミュニケーション力とはなにか

1. コミュニケーション力とはいうものの……

　民間企業や官公庁が求める人材のなかで、常に上位を占めているのが「コミュニケーション力（またはコミュニケーション能力）の高い人材」です。組織で仕事をする以上、協調性の高い人材が必要であるというメッセージとして理解できます。

　しかしながら、いざ「コミュニケーション力とはなんですか？」と問われると、返ってくるのは、プレゼンテーションができる、英会話ができる、あいさつができる、明るくはきはきしている……などの回答です。このように、きわめて表面的・限定的にコミュニケーション力がとらえられていたり、人柄・性格的なものとしてとらえられていたりとさまざまです。それにもかかわらず、コミュニケーション力が社会から高く求められているのです。

　一方、社会人基礎力（経済産業省）や基礎的汎用的能力（文部科学省）などの能力概念のなかでは、コミュニケーション力を構成要素として位置づけています。しかし、コミュニケーション力に代表される「〇〇力」は、状況や対象によって多様に異なり、どれだけの力があるのかという測定は困難です。そのため、「力」として高められたかどうかわからないまま、「あの人は〇〇力が高いor低い」という主観的な評価にとどまらざるを得ないわけです。

　それでは、このように曖昧になっているコミュニケーション力とは、いったい何でしょうか？　そして、コミュニケーション力を獲得・向上することはできるのでしょうか？　これらの問いを考えるためにも、まずはコミュニケーションそのものについて共通認識をもつ必要があるでしょう。

2．そもそもコミュニケーションとは？

　そもそもコミュニケーションとはいったい何でしょうか？「コミュニケーション（Communication）」の語源をたどると、「何かを共通のものにする」「共有する」「ひとつにする」という意味があります。コミュニケーションは、基本的に1人では成立し得ません。自己（あなた自身）と他者（周囲の人たち）との2者以上の関係、言い換えれば、伝える側と受け取る側との双方向関係によって成立します。しかしながら、自己と他者とはそれぞれ異なった立場や思いに立っています。だからこそ「コミュニケーション」は、自己と他者の双方向的なやりとりを通じて、伝える側が伝えようとする意思を受け取る側と共有するのです。これによって、両者の間に意思の共有を生み出すことができます。コミュニケーションとは自己と他者との間に意思共有の状態を生み出すことであり、この状態を生み出す過程であると言えるでしょう。

　自己と他者とのコミュニケーションは、一般的には、言語的コミュニケーション（バーバル・コミュニケーション）と非言語的コミュニケーション（ノンバーバル・コミュニケーション）の2つがあると言われています。

　言語的コミュニケーションとは、話し言葉や書き言葉などの言語を用いて意思共有を図ることです。この場合、言語は記号（シンボル）として共有されていることになります。日本語で考えてみましょう。日中のあいさつは「こんにちは」です。これは、日本という国で、日中に他者と出会ったときに「こんにちは」とあいさつを交わすという意味が共有されているからこそ成立するものです。もちろん、国が変われば、または母国語が変われば、「こんにちは」が通用しなくなってしまいます。このように考えると、共通言語はコミュニケーションをとる上で意味が共有された記号になるわけです。もちろん、単語だけでなく、文法なども同様にコミュニケーションをとる上でのルールとして考えられます。したがって、対象となる

他者や置かれている状況、文脈（文脈についてはCHAPTER Ⅳで詳述）に応じて、共有されている言語としての記号やルールを適切に選択することが、コミュニケーションでは求められることになります。また、逆に考えると、言語による記号や約束にズレが生じたり、選択を誤ってしまったりすれば、コミュニケーションをとることができず、意思共有を図れなくなってしまいます。なお、言語的コミュニケーションには、言語でやりとりする際のテンポなども含まれますが、ここでは記号としての言語に焦点を当てて述べました。

　非言語的コミュニケーションとは、例えば笑顔などの表情や身ぶり手ぶりなどのジェスチュアが該当します。他者に対して笑顔を向けたり、涙を見せたりすることが、置かれている状況や文脈によって意味をもちます。そして、自己と他者との間にそれぞれの意味が共有されていれば、コミュニケーションが成立して意思共有が図られます。言語と同様に、非言語においても相互に意味が共有されていなければコミュニケーションは成立し得ないでしょう。他者との間に意味のズレが生じてしまえば、コミュニケーションはとれなくなってしまいます。

　また、非言語的コミュニケーションのなかには、認知的に意味を共有するコミュニケーションとは別に、感情・感覚（シグナル）の交流によるコミュニケーションもあります。笑顔を例にすれば、笑顔を意味として認識するだけでなく、楽しさやうれしさ、喜びなどの感情・感覚としても共有することができます。心理学者のA・メラビアンは、人がコミュニケーションをとっているとき、言語による発信が相手に伝わる割合は全体の7％程度であり、残りの93％は表情（55％）や声（38％）などの感情・感覚にもとづく発信であると述べています。コミュニケーション場面において、伝える側には感情表現を豊かにすることが求められ、受け取る側は相手の感情を読み取ることが求められます。この点でも、非言語的コミュニケーションのもつ意味は大きいと言えるでしょう。

　このように、言語と非言語のいずれにも記号や約束として意味が共有さ

れており、対象となる他者や置かれている状況、文脈に応じて適切な選択と活用ができることが、コミュニケーションをとるカギになります。また、感情や感覚についても、表現と読み取りのなかで豊かな交流を生み出すことが求められています。これらをふまえて、コミュニケーション場面のイメージを下図のように整理しました。

図1：コミュニケーション場面のイメージ

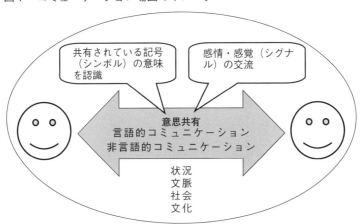

ここまでは、コミュニケーションが成立するための言語と非言語の関係性について確認してきました。つまり、言語や非言語によって共有されている意味が認識されたり、感情・感覚が交流されたりするというように、言語と非言語という観点からコミュニケーションをとらえてきました。

その上で、意味の認識や感情・感覚の交流がよりいっそう豊かに行われるためには、何に留意すればよいのかを知っておく必要があります。それが、コミュニケーションに影響を及ぼす5つの要素です。影響を及ぼすということは、プラスにもマイナスにも作用する場合があります。みなさんがコミュニケーションをとる際には、これらの要素がマイナスに作用しないように回避し、プラスに作用するように働きかけることが重要です。

＜コミュニケーションに影響を及ぼす５つの要素＞
　①環　境：物理的な距離（近さや遠さ）、閉じた空間と開かれた空間、ざわついた場所と静かな場所……など
　②関係性：立場や役割、心理的な距離感（親密⇔疎遠）……など
　③知　識：ボキャブラリー、マナー、風習、外国語……など
　④方　法：ジェスチュア、語調やテンポのコントロール、目線、会話の流し方……など
　⑤感　情：精神的なコンディション（テンション）……など

　これら５つの要素を調整・改善しながら、他者とのコミュニケーションを図っていきます。そのなかで、意思共有の段階からさらに意思の疎通を高めて、高次な段階のコミュニケーションへと変容していくことも考えられます。

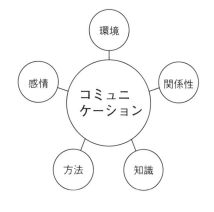
図２：コミュニケーションに影響を与える５つの要素

　図３のように、コミュニケーションが図られていない状態（ディスコミュニケーション）の上方にコミュニケーションが図られている状態があるとします。意思共有がなされている状態がコミュニケーションですから、まずは共有だけができている状態（＝意思共有）の段階があるわけです。このコミュニケーションの原点でもある意思共有から、さらに意思疎通が図られることで、コミュニケーションはより高次な段階へ変容することが考えられます。

　例えば、あなたが「私はケーキを食べたい」という意思を他者に発信し、他者が「この人はケーキが食べたいんだな……」と受信してくれたとします。これが意思共有ができた段階です。その上で、他者が「ケーキを食べ

たい」というあなたの思いを、「(何らかの理由で) それほどまでにこの人はケーキが食べたいんだ……」などとさらに深く理解して、この他者の理解があなたにまで伝わってきた状態を相互了解の段階だとしましょう。さらに、あなたと他者とで、なんとかケーキを食べられるようにしたり、ケーキを食べないままでいようと納得をつくり出したりすることで、いま、ここの状況を自分と他者で共に変革していけば、共同変革の段階へ進んだと言えるでしょう。

このように、意思共有を入り口として、相互了解や共同変革へと意思疎通段階を設定することができます。

ここで注意しておきたいのは、この意思疎通段階について、必ずしも高次な段階を目指さなければならないと提言しているわけではないということです。コミュニケーションが意思共有の段階から、相互了解や共同変革へ変容すればするほど、コミュニケー

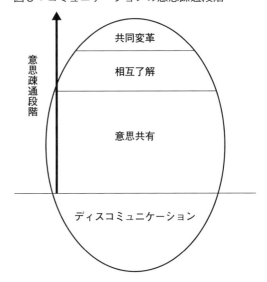

図3：コミュニケーションの意思疎通段階

ションを豊かにとれているとは、一概に言えないからです。というのも、高次な段階になればなるほど、他者との心的距離感が縮まり、意思を共有するだけでなく、自分と他者とを同一化（同じように理解し合い、同じ方向を目指すことを他者に要求してしまう）してしまう危険性を孕んでいるからです。

例えば、相互了解を求めるあまりに「なんで私の言っていることをわかってくれないんだ」という負の思いを芽生えさせてしまったり、共同変革を求めるあまりに「あなたのことをこんなに思ってあげている私が言う

んだから○○しなさい」というパターナリズム（父権主義）的な関係になってしまったりという危険性が考えられます。

　繰り返しになりますが、意思共有がコミュニケーションの原点であるから、意思を共有することは「同じ」ということではなく、「違う」ということを共有することにもなると理解しておきましょう。そして、意思共有をするために、お互いが発信と受信を繰り返すのだということをコミュニケーションの前提としておきましょう。

３．人間はコミュニケーションを選択した

　みなさんは、「生理的早産」という言葉を知っていますか？　これは、動物学者Ａ・ポルトマンによってヒトが出生する特徴の１つとして論じられた学説です。

　この学説では、ヒトがほかの動物よりも約１年早く出生すると提起されています。というのも、ヒトがほかの動物と同じ身体レベルまで母胎の中で形成されたとすれば、頭が胎外から出られない大きさになってしまうからです。それだけ、ヒトの脳はほかの動物と比べて発達しているということを示しています。しかし、そのために自力で立つことも歩くこともできない身体レベルのままで出生してしまうわけです。ちなみに、このような生理的早産のために、乳児は身に注ぐ危機から逃げることもできず、ただ泣いて助けを求めることでしか対応できないというのも有名な話です。

　この学説からも、ヒトはほかの動物より単独で生き抜くのが困難であることがわかります。そのため、親をはじめとする周囲のヒトから守られることで生きていかざるを得ないアプリオリ（先天性）をもっているともいえるでしょう。つまり、ヒトは複数のヒトによってコミュニティ（Community）をつくり、生きていくためにお互いを守り合うことが、ヒトが「人間」になるための基礎だと言えます。そして、お互いを守り合うコミュニティの上に、道具や言葉などを用いながら文明と社会をつくり出

し、人間は自然界において現在のような位置に立つことができたのです。

　ヒトの出生の特徴を切り口に、ヒトは単独で生きていくことが困難なために、人間としての集団や社会を形成してきたことがわかりました。そして、人間が集団や社会のなかで円滑な関係を築くために必要とされたのがコミュニケーションです。

　そのため、1人ひとりの人間の発達段階においても、人間がコミュニケーションを図ることができるような発達の道筋ができています。その道筋の1つに「集団的自己」の形成があります。もともと人間は、自己中心性の高い状態で誕生します。例えば、乳児は泣くことを通して、一方的にさまざまなSOSや要求を出してくるわけです。この点からすると、初期的なコミュニケーションは、発信することからと言えるでしょう。そして、幼児期になると、他者の表情を真似てみたり、言葉や言い回しを真似てみたりという模倣期に入り、受信する傾向も見受けられるようになります。しかし、幼児期の段階ではまだ自己中心性が高く、相手の状況を受け取りタイミングを計って話しかけたり、話のテーマから逸れることなく話題に加わったりするなどのことは難しいとされています。まだ、まわりが見えていないからです。

　幼児期をすぎると、次第にまわりが見えるようになってきます。まわりが見えるということは、他者という存在も明確に見えはじめ、他者と自分を比較したり、他者が考えていることを読み取ろうとしたりするようになってきます。そして、自分が中心で世界が回っているのではなく、他者たちと共存する世界の一員として自分も存在しているということを潜在的に認識しはじめます。これが「集団的自己」の芽生えと言えるものでしょう。

　このように集団的自己が芽生え、形成されていくなかで、自己主張など自分自身を表出するときと他者と折り合いをつけて協調するときとのバランスがとれるようになり、まさにコミュニケーティブな人格を形成していきます。自己表出と他者協調との意識のバランスについては、鯨岡峻が図

4のようにイメージ化しています(『子どもは育てられて育つ　関係発達の世代間循環を考える』慶応義塾大学出版会、2011年、102頁をもとに簡略化)。

　なお、鯨岡は双方の意識のバランスを保つ支点の役割は「自我(自分自身を意識づけること)」であるとも述べています。つまり、自分自身の意識づけができていれば、他者と自己とのさまざまな状況に応じて、自己を表出するときと他者と協調するときとのバランスの良い判断ができるようになると言えるわけです。

図４：自己表出と他者協調と自我の関係

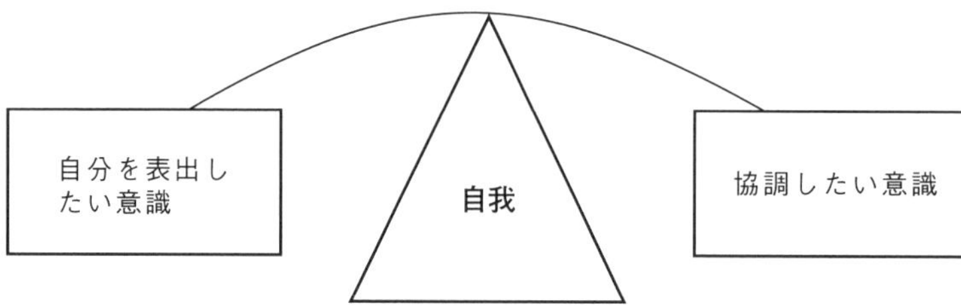

```
        ┌──────────┐      ／＼      ┌──────────┐
        │自分を表出│     ／  ＼     │協調したい│
        │ したい意識│    ／ 自我 ＼   │   意識   │
        └──────────┘   ／_____＼  └──────────┘
```

4．コミュニケーション力は磨きをかけられる？

　ここまで述べてきたように、コミュニケーション力は単独の「力」として定量的に測定することは困難です。したがって、コミュニケーション力に磨きをかけるということについても、どれだけ磨きをかけられたのかという測定結果を伴わないために、検証が困難であるという課題があります。しかし、測定や検証が困難だからといって、磨きをかけることができないわけではないと私は考えます。

　それではいったいどうすれば可能になるのか。ここでは、コミュニケーション力に磨きをかけるために、1つの要素に焦点を当てます。それは、コミュニケーション場面における「意識」です。もちろん、これだけがコミュニケーション力ではありません。あくまでもコミュニケーション力に影響を与える要素の1つです。

例えば、他者と話しているときの声の大きさ、抑揚、テンポ、間のあけ方……などなど、どれをとっても大切なコミュニケーションスキルです。また、他者の話を聞いているときの目の合わせ方、頷き方、表情……などなど、こちらも大切なスキルです。これらは、コミュニケーションのなかでも、行為（パフォーマンス）レベルに焦点化した内容です。行為レベルに焦点化せず、コミュニケーション力をより総合的にとらえるならば、上述したように5つの要素の「環境・関係性・知識・方法・感情」を調整・改善できる力だと言えるでしょう。

このように、コミュニケーション力の概念は、とらえ方によって複雑です。しかし、コミュニケーション場面における意識は、行為の基底にもなり得るとともに、5つの要素の調整・改善にも通底しています。したがって、コミュニケーション場面における意識が、汎用的にコミュニケーションを豊かにし、コミュニケーション力に磨きをかけることにもつながると考えられるのです。コミュニケーション場面における意識の質が向上することは、さまざまなコミュニケーション場面で、対象となる他者への理解力の向上を意味しています。また、他者や状況の変化に応じた適切な判断力の向上も意味しています。つまり、意識の質的な向上が、理解や判断の質的な向上となり、理解や判断の質的な向上がコミュニケーション場面における行為レベルの向上にも、5つの要素の調整・改善の向上にもつながるのです。

まさに、自己表出と他者協調とのバランスを計る自我（自分自身の意識付け）のように、意識こそがコミュニケーションを司るのであり、コミュニケーション場面における意識を明確に意識化して行為し、その意識と行為を省察することがコミュニケーション力に磨きをかけることだと考えられるのです。そうすれば、多様な状況における多様な他者とのコミュニケーションが可能になってくるでしょう。

本書がタイトルに「コミュニケーション実践」という主題を掲げたのも上述の理由からです。というのも、コミュニケーション場面の意識に焦点

を当てるのは、コミュニケーションが実践でなければならないからです。コミュニケーション実践は、意識（Consciousness）と行為（Performance）と省察（Reflection）の3つの要素で構成されると考えられます。このコミュニケーション実践を構成するＣＰＲ要素の概念図を図5に整理しました。なお、行為は言動や表情なども包括しているとともに、コミュニケーション実践における行為は、よりいっそう他者に対する意識的な行為であるという意味から、ActionではなくPerformanceとしています。

次章以降は3つの要素のなかでも、特に意識と省察について詳しく述べていきます。

図5：コミュニケーション実践のＣＰＲ要素

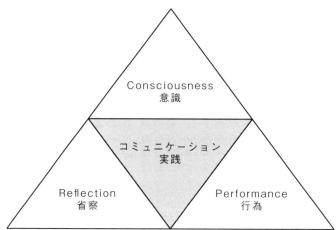

【註】本章の第2節と第3節には、ヒューマンパフォーマンス研究会編、三浦孝仁・中山芳一ほか『大学生のためのキャリアデザイン－大学生をどう生きるか』（かもがわ出版、2013年）第3章コミュニケーション力を高めよう（39～58頁）から一部修正して抜粋した箇所があります。

CHAPTER Ⅱ
コミュニケーション実践とはなにか

1．コミュニケーション実践のカギは意識

　実践とは意識的（コンシャス）な働きかけのことを意味しています。すなわち、コミュニケーション実践とは、意識的な働きかけ（発信と受信）を通じて、他者との意思共有を図ることです。ですから、あまり意識することなくただやみくもに他者とやりとりをして、結果的に意思共有ができたとしても、あるいは、意識はしているけれど、その意識が不明確で、意識化できていないままに意思共有をしたとしても、コミュニケーション実践として十分だとは言えません。もちろん、広義のコミュニケーションとしては成立していると言えるでしょう。しかし、コミュニケーション場面における意識を明確にして、その意識によって行為（パフォーマンス）へ移り、さらには意識と行為を省察（リフレクション）して改善するコミュニケーション実践にはなり得ないのです。なぜなら、上述のように、コミュニケーション実践では、意識が基底となるからです。それでは、意識はコミュニケーション実践において、どのように働いているのでしょうか？

（1）気づき
　意思共有を目的としたコミュニケーション実践において、まずは他者とのやりとりのなかで、他者の表情や語調などのわずかな様子の変化に意識を向けて、変化に気づくことが求められます。さらに言えば、他者とのコミュニケーション場面は常に変化しつづけるため、常に気づきつづけることが求められます。

　例えば、自分が気づかないうちに相手が不快な思いを抱きはじめることもあります。そんなとき、相手の変化に気づくことなくやりとりを続けていれば、相手の不快感は増す一方です。もし、相手の変化に気づくことができていれば、相手がこれ以上不快感を抱かないように修正することも可能でしょう。したがって「気づき」とは、他者とコミュニケーション実践

を営む上で、第一段階的に働く意識と言えるでしょう。

(2) 意味づけ

次に、気づきの意識を働かせた上で、そこから意味づけができなければ、気づいたままで終わってしまいます。また、せっかくの気づきがあっても、意味づけが相手の真意とずれてしまえば、真逆の方向へ陥ってしまうことも考えられます。

先の例のように、他者とやりとりをしている際に、相手が不快感を抱いたような表情をしたとしましょう。相手が不快感を抱いていることを読み取り「この人は、いま不快感を抱いているな……」と意味づけたとしても、その原因が自身の話している内容にあるのではなく、別なところに原因があると意味づけ、やりとりをそのまま続けてしまったらどうでしょう。当然のことながら、相手の不快感は増す一方となります。このように、気づきにもとづいて状況やその理由・背景がどうなっているのかを想像的に読み取り、意味づける意識が重要です。

(3) 仮定

コミュニケーション場面において相手の変化に気づき、その気づきを意味づけることが他者理解につながっていきます。しかし、その時点ではまだ他者を理解しようとしたにとどまっています。

先の例で言えば、相手が自分とのやりとりで不快感を抱いているということとその理由が理解できたとしても、そこから何らかの行為に移らなければ、不快感が改善することはないでしょう。とるべき行為の選択肢は、すぐさまやりとりをきっぱりやめる、やりとりの内容を変える、不快感を抱かせたことを謝る……など、多様にあげられます。したがって、これらのなかからAをしてみたらどうだろう、Bをしてみたら、Cをしてみたら……と選択肢をあげながら仮定していきます。このように、なんらかの行為に移る前に、仮定という意識を働かせることが求められます。

(4) 判断

　さまざまな選択肢を仮定した上で、行為に移るためには選択肢のなかから選ばなければなりません（判断）。「相手は相当不快感を抱いているから、いますぐこのやりとりはやめたほうがよいだろう」とか、「やりとりをやめるだけでなく、お詫びをしたほうが相手の不快感を緩和できそうだから、まずはお詫びしよう」など、これまでのやりとりのプロセスから得た情報や他者理解などを根拠にして選ぶことが「判断」という意識になります。

　判断如何によって、コミュニケーションがよりいっそう豊かにとれる場合もあれば、その逆の事態を招く場合もあります。大切なのは、迅速かつ適切に判断の意識を働かせられることでしょう。

　以上のコミュニケーション実践に必要な4つの意識とコミュニケーション行為に到るまでの構造を図示すると図6のようになります。次節以降では、これらの意識についてさらに詳しく説明していきましょう。

図6：コミュニケーション場面における意識の構造

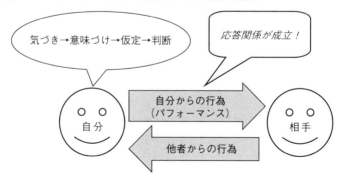

2．アンテナを立てる

　いま、ここで起きているすべての事象を「現象」としましょう。現象のなかには、私たちが見えていないこと、聞こえていないことがたくさんあります。いま、誰かの携帯電話に着信が入っているのも現象だし、外の木々が風に揺らいでいるのも現象です。私たちが気づいていることも気づいていないことも含めて、すべてが現象になるのです。

　この現象のなかで、私たちは何かに気がつきます。座っているあの人が頬杖をしていることに気づき、あの人が笑っていることに気づき、枝が窓ガラスにコツコツ当たっていることに気づきます。このように、現象から私たちが気づいた事象を「出来事（エピソード）」と言うことにします。

　「あの人はよく気がつく人だ」と称賛される人がいます。その人は他の人よりも現象を出来事化できている人だと言い換えることができるでしょう。また、このような力を「注意力」という場合もあります。それでは、他の人よりもよく気がついて現象を出来事化できる人、他の人ならそのままスルーしてしまう現象に、スルーすることなく気づける人は、いったい何が違うのでしょう？

　一言でいえば「アンテナ」を立てているか立てていないかの違いです。言うまでもなく、アンテナをしっかり高く立てていれば、多くの電波をキャッチできます。アンテナが立って（機能して）いなければ、どんなに電波が発信されていてもキャッチすることはできません。

　例えば、飲食店でフロアースタッフのアルバイトをしていたとします。あるとき、お客さんが氷だけになったグラスをカランと鳴らしました。この様子を現象のなかから気づき出来事化するには、アンテナを立てているかどうかが大きく影響します。おそらく、このお客さんの様子を出来事化できる人は、「お客様のコップの水がなくなった（少なくなった）ときに水を注ぐのは私の役割だから……」という役割認識と「どこかにコップの

水がない、または少ないお客様がいるかもしれない……」という予測ができる人でしょう。

　自分が何をすべきなのか、どうしたいのかを認識した上で、そのために起こり得ることやできることは何なのかをあらかじめ想定しておくことこそ、アンテナを立てることといえます。このようにアンテナを立てられなければ、いかに精度のよいアンテナをもっていたとしても「よく気づく」ことは困難でしょう。

3．複数のフィルターをもつ

　先ほどの例に戻ります。あの場面でお客さんがコップの入ったグラスを鳴らしたことに気づいたとします。スタッフは、きっと「あっ！　このお客様は水が欲しいにちがいない」と想像的に理解するでしょう。ところが、ひょっとしたら、このお客さんは単に格好つけてグラスを鳴らしてみたかっただけかもしれません。そんなお客さんのもとへ水を注ぎに行くと、お客さんはやや顔を赤らめながら、「ほんとは水がほしかったわけじゃないんだけどな……」などと内心思っているかもしれません。

　このように現象に気づき、出来事化するところまではよかったのですが、この出来事を意味づけ、きっとこうではないだろうかと想像的に理解する際にも、相手との間にズレが生じる場合があります。いわゆる思い込みや先入観といわれるようなリスクです。それでは、どうすればこのようなリスクを回避できるのでしょう？

　私たちは、見たいように見て、聞きたいように聞いてしまいがちです。自分の興味・関心、使命感、または都合によって、自分に最適なフィルターをセットしてしまうのです。このフィルターを通して意味づけるわけですから、どうしても思い込みや先入観が入ってしまうリスクが生じます。

　そこで、このフィルターを最低でも、もう１つ追加しておくことを提案します。わかりやすいフィルターの例としては、ポジティブなフィルター

とネガティブなフィルターが挙げられます。言葉通り、肯定的に意味づけるのか否定的に意味づけるのかということです。

例えば、授業中はよく手を挙げて発言し、初対面の人にもどんどん声をかけて仲良くなろうとする人がいたとします。このような人は、得てして「積極的な人」として意味づけられやすいでしょう。つまり、ポジティブなフィルターによって、肯定的に意味づけられていることがわかります。しかし、一方でネガティブなフィルターを通して見れば、「あつかましい人」というふうにも意味づけられるでしょう。同じように考えると、「消極的な人」というネガティブな意味づけも、「思慮深い人」というポジティブな意味づけに転換できます。

また、「どうしてこの人は○○したのだろう？」というように、行為の理由・背景を探る意味づけでも、フィルターの使い分けによってずいぶんと変わります。先ほどの授業中によく手を挙げて発言する人も、まわりにあまり手を挙げる人がいないから、授業を活気づけたかったのではないかという利他的な理由に意味づけることができます（ポジティブなフィルター）。一方、目立ちたかったとか、よりよい評価を得たかったという利己的な理由として意味づけることもできます（ネガティブなフィルター）。このように、フィルターを使い分ければ、同じ出来事でも意味づけが変わるということを認識しておかなければなりません。

ところで、このように述べると、いかにもポジティブ・フィルターのほうが奨励されているように錯覚されるかもしれません。とりわけ、巷では「ポジティブ・シンキング」という考え方が普及し、物事をいつも肯定的にとらえ、前向きに生きていくことが素晴らしいとされています。また、他者を理解する上でも、否定的にとらえてしまうと殺伐とした印象を与えてしまいます。

たしかに、肯定的で前向きに考えていくことは重要なことですが、ここで提起したいのは、いずれのフィルターも持っておいて、意識的に使い分けられることの重要性です。あえてネガティブなフィルターでも意味づけ

ることができれば、そこに潜む危険性に気づくことができ、リスクヘッジ（危機回避）にもつながります。また、他者を理解する上でも、一面的でなく多面的にとらえるほうが理解が深まるでしょう。さらに、複数のフィルターを用意して、それぞれのフィルターから意味づけられるようになれば、気づきの段階で新しい気づきを見出せるようにもなるでしょう。

4．気づきも意味づけも主観

　ここまで現象のなかから気づくことで出来事化し、その出来事を意味づけることで理解するという意識の段階的な構造について話を進めてきました。この２つの段階について注意しておきたいのは、いずれも「私」という主観の域を超えていない点です。現象を出来事化するのも、私の主観によって気づいたのです。そして、出来事を想像的に理解するのも、私の主観によって意味づけたのです。つまり、コミュニケーション場面において私たちが物事や他者を理解するのは、絶対的な真理ではなく単なる主観でしかないということになります。

　もちろん、先入観にとらえられがちな場合も、自身の主観にとらわれてしまったと言えます。そうならないためにも、真理ではなく主観なのだと

図７：気づきと意味づけの意識の構造

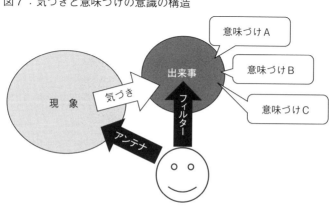

いうことをしっかりと認識しておくことで、主観にとらわれることなく、より多面的に、より柔軟に気づきや意味づけの意識を働かせていけるはずです。豊かなコミュニケーション実践を営むために、このような認識にもとづいて、気づきと意味づけの意識を働かせていきたいものです。

5．引き出しを多く

　コミュニケーション労働者の世界では、対象者と多様なかかわり方ができる人や、対象者がイレギュラー（想定外）な反応をしても臨機応変に対応できる人を「あの人は引き出しが多い」と喩えることがあります。まさに、対象者とのかかわりの場面（＝他者とのコミュニケーション場面）において、多様に仮定するという意識を働かせているわけです。それでは、どうしてこのような意識を働かせることができるのでしょう？

　コミュニケーション労働のなかで、とりわけこのような意識を働かせることのできる専門職者は、経験豊富な熟達者に多いといわれています。こうした熟達者たちは、高度な実践知をもち、なかでも「類推」に長けていると考えられます。類推とは、これまでの経験や知識を関連づけて、より困難な状況や類似した状況にも転移できることです。多様な状況や他者との関係性を含めた文脈依存性の高いコミュニケーション実践では、まったく同じことが起きるほうが稀有です。そのため、ある１つの経験をしたとき、この経験をほかの経験にも関連づけながら、認識の幅を拡げていかなければ、コミュニケーション実践を豊かに営むのは困難です。この経験の関連づけから認識の幅の拡張ができるからこそ、類推に長けている熟達者は多くの引き出しをもち、より柔軟な対応ができるわけです。

　しかしながら、コミュニケーション労働の熟達者とは、単に勤続年数が長いというような量的な時間を問題にしているわけではありません。経験とはこれまでの時間のなかで体験してきたことを、自分自身の中へ内面化できてこそはじめて経験になるからです。そのため、量的な時間に加えて

質が問われることになります。そして、質を高めていくためには、省察が必要不可欠です。この省察の方法についてはCHAPTER Ⅲで詳しく述べることにします。

さて、選択肢（＝引き出し）を複数挙げることができれば、しっかりとした仮定の意識をつくり出していることになります。

例えば、目の前に１人の子ども（小学１年生ぐらい）が泣いているとしましょう。どうやらこの子は、ほかの子どもたちと一緒の遊びに入りたそうにしているのですが、入れずにいるという状況のようです。私たちは、このような出来事に対して意味づけながら理解をすすめていく必要があります。例えば、①遊びに入りたいのだけど、恥ずかしくて自分から「入れて」と言えずに、はがゆくて泣いているのだろうか、②遊びに入りたいのだけど、ほかの子どもたちが意地悪をして遊びに入れてくれないのだろうか、③本当はその遊びに入りたいのではなく、そこで別な遊びをしたかったのに、ほかの子どもが遊びを始めてしまったのだろうか……などです。このように、１つの出来事に対して複数の意味づけができるわけです。

なお、複数の意味づけに分かれてしまった場合は、どの意味づけが適切なのかを、その子本人やほかの子どもたちに事実確認できればよいでしょう。しかし、容易に事実確認ができない場合には、それぞれの意味づけに対応して「それならば〇〇してみよう」という選択肢が浮かび上がります。①ならば「（私と）一緒に『入れて』って言ってみようか」と声をかける、②ならばほかの子どもたちを集めて場合によっては注意をする、③ならば

図８：意味づけ→仮定のフローチャートＡ

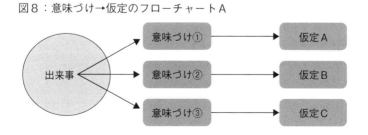

別な場所で遊びができるように提案する、といった具合に、それぞれの意味づけに応じて複数の仮定ができます。

したがって、この場合の仮定は図8のような「フローチャートA」になります。

また、①②③の意味づけのなかで、事実確認等を通して、ある程度意味づけを特定できたとします。このようなときには、1つの意味づけに対して複数の仮定をしておきたいものです。例えば、恥ずかしくて自分から「入れて」と言えないでいるという①の場合は、以下のような仮定ができます。

仮定A：一緒に「入れて」と言ってあげる。
仮定B：「入れて」と言えなくてもいいんだよと慰める。
仮定C：自分から「入れて」と言えるかどうか確認する。
仮定D：「入れて」と言えるようなタイミングや方法を具体的に教えてあげる。
仮定E：遊んでいる子どもに頼んで誘ってもらう。
仮定F：「入れて」と言えないのなら、次回に期待して別な遊びを促す。

などのように、1つの意味づけに対して複数の仮定ができると、図9のようなフローチャートBになります。

図9：意味づけ→仮定のフローチャートB

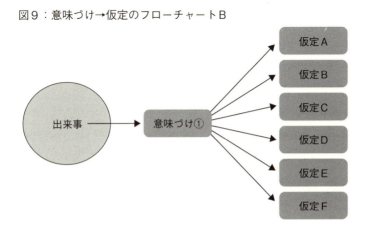

もちろんこの例の限りではなく、より多様に仮定することもできるでしょう。また、AでダメならばB、BでダメならばF……というように、仮定のなかで挙げられた選択肢を段階的に組み合わせることもできます。
　さらには、1つの意味づけに対して複数の仮定ができるわけですから、複数の意味づけをした上で、それぞれに複数の仮定ができるようになれば、引き出しはよりいっそう増え、多様な状況に対してますます柔軟なコミュニケーション実践が可能になるでしょう。

6．なぜ、そのように判断したのか？

　より豊かに仮定の意識を働かせられるようになると、たしかに選択肢は増え、多様な状況にも柔軟に対応できるように思えます。しかし、ここで注意が必要になるのは、数ある選択肢のなかからいずれか1つを選び（複数の場合もある）、行為（パフォーマンス）に移らなければならないということです。つまり、引き出しが多いだけではなく、そこからよりスピーディかつ適切な判断が求められることになります。
　そうなると、気になってくるのが「どれが正解か？」ということです。しかし、コミュニケーション実践においてマニュアル的な正解というものは期待できません（この点に関しては、CHAPTER Ⅲでも反省的実践というキーワードで説明します）。それでは、正解がないなら何でもありなのかといえばそうではなく、むしろ「たくさんある正解のなかでどれが適切なのか」という認識によって判断できればよいのではないでしょうか。
　したがって、数ある正解のなかから一定の根拠をもって判断することが求められるわけです。言い換えれば、「なぜ、そのように判断したのか？」を説明できるように判断するということです。
　先ほどの泣いている子の事例ではどうでしょうか？　フローチャートBに図示したように、①の意味づけにもとづいてA～Fの選択肢を挙げました。これらの選択肢のなかで、いま、ここではAを選択したいと判断した

とします。この場合、以下のような根拠が考えられるでしょう。

- この子の「遊びたい」という思いはとても強く、だからこそ泣きながらその場に立ち尽くしている（と理解できる）→この場合、BやFは適切でない。
- かといって、まだこの子は「入れて」と言って遊びに入っていけるような経験も少ないし、能力的にも難しそうだ→この場合、CやDは適切でない。
- 一方、ほかの子どもたちも遊びに没頭していて、誰かを連れ出すことも難しそうだ→この場合、Eも適切ではない。

そうなると、いまは一緒に「入れて」と言うことで、この子に言いやすい雰囲気をつくりだし、今回の経験を生かした上で、今後はCやDのような声かけをしていこう→だからAが適切だと考える。

ここでは、わかりやすくするためにほかの選択肢を消去法的にして説明しました（実際は消去法的にする必要はありません）。大切なのは、Aが適切だと判断した根拠であり、それを説明できることです。このように、対象者の心情、周囲の状況、実践者の願いなどが判断の根拠として重要な役割を果たしていると考えられます。

CHAPTER III
コミュニケーション実践を省察する

1．コミュニケーション力はふり返りの連続から

　CHAPTER Ⅱでは、コミュニケーション実践に求められるコミュニケーション力のなかでも、とりわけ意識がどのように働いているのかについて述べてきました。そして、随所で触れてきましたが、この意識の働きを高めてコミュニケーション力の向上につなげていくためには、コミュニケーション実践の省察が必要です。
　そこで、本章ではこの意識の働きを高めるための省察の方法について提起します。そのための切り口として、コミュニケーション実践が「反省的実践」であるということについて共通認識しておきましょう。
　アメリカの学者D・ショーンは「反省的実践家論」という理論を提唱しました。ショーンは、多様に存在する専門職のなかから、技術を高めることで「このときにはこうする」ことができるという専門職者を「技術的熟達者」と位置づけました。一方、「このときにはこうする」ことだけでは対応できない専門職者を「反省的実践家」と位置づけたのです。反省的実践家のなかには、人とかかわることを主とした、いわゆる対人援助専門職者も含まれています。つまり、コミュニケーション労働を営む専門職者たちのことです。このように考えれば、反省的実践家として専門的力量を向上するということは、コミュニケーション労働者としての専門性を高めることにもつながるわけです。
　ショーンは反省的実践家には「省察（Reflection）」の積み重ねが必要だと論じました。省察とは、これまでのことをふり返り、いままで気づかなかったことに気づき、次への一歩を踏み出すことです。マニュアルがない反省的実践家だからこそ、これまでの経験をもとに「このときは、過去のあのときのやりとりから考えると、こうするほうがよいかもしれない」などと類推する必要があるのでしょう。だからこそ、省察によって自分自身のなかにしっかりと内面化していかなければなりません。また、ショーン

は過去の行為を省察することが、いまの行為を省察することにつながる、とも論じています。つまり、意識のプロセスのなかで「こうじゃないな、こうしてみようか……」などの省察が加わり、その時その時に他者とのコミュニケーション実践を豊かに営むことができるようになるのだと考えられるのです。したがって、省察を繰り返していくことが、意識の働きを高めて、コミュニケーション力を高められるようになるのです。

そこで、過去の行為の省察といまの行為の省察についてもう少し詳しく述べておきましょう。

ショーンは、この２つの省察をそれぞれ「行為の後の省察（Reflection after action）」と「行為の中の省察（Reflection in action）」とに区別しました。そして、「行為の後の省察」を繰り返すことで「行為の中の省察」ができるようになっていくと提唱したのです。つまり、まずは時間軸に添って「あの時（過去）」のコミュニケーション場面を省察するのです。「あの人はひょっとして〇〇な思いだったのかな……」「あの人は本当は△△がしたかったのではないかな……」「あぁ、あの時□□すればよかったな……」「なんであんなふうに思ってしまったのかな……」などのように、

図10：「行為の後の省察」から「行為の中の省察」へ

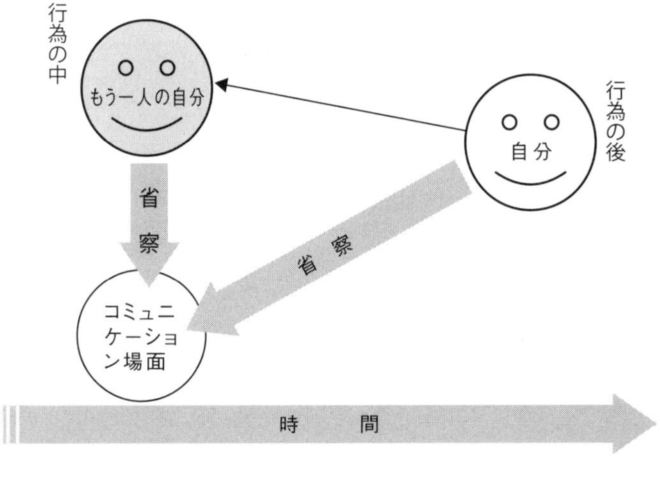

ふり返ってみるわけです。これが過去の省察（行為の後の省察）です。小・中学生のとき、学校の帰り道で先ほどのようにふり返りながら帰宅したことはありませんか？「行為の後の省察」は、本来であれば誰もが日常的に行っていることのはずです。しかし、省察の質にはもちろん個人差があります。「行為の後の省察」の質を高めることができれば、より効果的に「行為の中の省察」ができるようになります。

　本章では、後述するトレーニング方法によって「行為の後の省察」の質を高めて、効果的に「行為の中の省察」ができるようになることをめざしています。それが意識の働きを高め、コミュニケーション力の向上につながると考えるからです。

　「行為の中の省察」について、もうすこし述べておきましょう。「行為の中の省察」には、自分と他者とのコミュニケーション場面をメタ認知化することが求められます。メタ認知化して、もう1人の自分がその時のコミュニケーション場面を俯瞰することで、図11のように自分の主観と他者の主観との間に立つことができます。

　例えば、1人の営業マンがお客さんとやりとりをしているとしましょう。この営業マンは「行為の中の省察」がよくできているとします。さて、まずはお客さんとアイスブレイクするためにも、お客さんの好みそうな話題を提供しようと考えました。お客さんの様子を見ながら、「こんな話題ならどうかな……」と意識を働かせて、お客さんの反応を見ています。するとお客さんが、ある話題に良好な反応を示してくれました。「あっ、この話題ならお客さんも喜んでくれているんだな、それではこの話題をふくらませながらお客さんとの関係を築いていこう……」などのように意識するわけです。もちろん、逆の場合もあります。お客さんがまったく関心をもてない話題をいくら提供しつづけても、お客さんに不快な思いをさせるだけです。

　このように、相手がどう思っているかを相手の反応から気づき、意味づける意識を自分自身のなかに働かせて、自分自身の意識と行為を調整・改

善することが「行為の中の省察」です。そうなると、そこにはもう1人の自分をつくり出し、相手だけでなく自分自身を見る視点（メタ認知）が必要です。これは同時に、相手がどう思っているか（他者の主観）を自分の主観の中に取り込んで、想像的に読み取ることが求められるわけですから、まさに自分の主観と他者の主観との間に、もう1つ自分の主観をつくることになります。これを「間主観」と呼び、「行為の中の省察」をするためにもう1人の自分をつくり出す（メタ認知化する）ことで、間主観的な意識をもつことができるようになると言えます。

図11：コミュニケーション場面における「行為の中の省察」

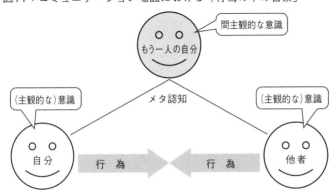

2．三分割リフレクションシートを使ってみよう！

次に「行為の後の省察」の質を高め、「行為の中の省察」が効果的にできるようになるための方法を提案します。もちろん、いろいろな方法があると思われますが、そのなかでも、授業などで活用してもらえそうな方法を提案しておきます。それが、「三分割リフレクションシート」です。

三分割リフレクションシートとは、コミュニケーションをとった「他者の行為」と「自分の行為」、そしてその行為に到るまでに自分自身がどのような意識のプロセスを経たかという「自分の意識」を領域化したシートです。

次の例を参照してください。

例：三分割リフレクションシートとは？

相手の行為	自分の意識	自分の行為

　このように領域化することで、複雑に絡みあうコミュニケーション実践の過程を分類することができます。そのため、記録に残すときも、どこに何を記録すればよいかがはっきりするため、記録しやすくなるのです。ちなみに、この三分割リフレクションシートは、まさにコミュニケーション労働者として位置付けられる看護師やカウンセラー、保育士などの業界で活用されてきたものです。

　もしかすると「記録したものをさらにふり返るなんて面倒くさい」と思われるかもしれません。実は、このシートに記録した時点で省察ができているのです。というのも、「あのときはどうだったかな？」「あのときは何を考えていたのだろう？」などと過去を思い返す（意識化する）こと、とりわけ自分自身あまり意識していなかった意識を明確に意識化して記録（言語化）するわけですから、記録することそのものに意味があるからです。もちろん、記録したものを読み返すなどすれば、省察の質はますます高められますが、まずは記録してみることをおすすめします。

　さて、ここで事例を紹介しておきましょう。次の三分割リフレクションシートは、実際に岡山大学の授業（キャリア形成〈実践講座〉Ⅰ－コミュニケーション力に磨きをかける）のペアワークで学生（Ｓさん）が記録したものです。１つ目は、クローズドクエスチョンゲーム（相手に質問して、質問した相手はイエスかノーでしか答えられないルール）を活用したペアワークで、「相手が今までで一番うれしかったこと」について10回質問をして正解へたどり着くように設定した際の記録です。これはＳが初めて三分割リフレクションシートに取り組んだ記録でもあります。記録のなか

で、特にＳの意識に着目してみると、ペアの回答に対する感想的な内容が多いことがわかります。そのため、次に自分が何を尋ねようかなど、行為へ移るための「仮定→判断」の思考が欠落しています。

■Ｓの三分割リフレクションシート①

相手（Ｓのペア）の行為	自分（Ｓ）の意識	自分（Ｓ）の行為
はい	大学に合格してよかったなぁと思った	大学受験？
いいえ		成績？
いいえ	Noと答えるのが早かったと思う	テスト？
いいえ		スポーツ？
はい	食べたりすることが好きなんだと思った 食べ物に関することをもっと聞いてみればいいと思った	ごはん？
はい		果物？
（以下略）	（以下空白）	（以下略）

　さて、Ｓはそれから、毎回の授業で三分割リフレクションシートに取り組みます。いろいろなケースワークの後に、必ず記録するという習慣をつくったのです。その結果、２か月もしない内に以下のような記録を書けるようになりました。次のシートは、「本日の天気の話題から、自分の好きな話題へもっていきましょう」というペアワークをしたときの記録です。この記録と先ほどの記録を比べたとき、Ｓの意識に厚みが出てきた（意識化することで構造化できた）ことがはっきりわかります。つまり、感想的な意識だけでなく、次に何をしようかという判断にまで意識が及んでいるのです。

■Sの三分割リフレクションシート②

相手（Sのペア）の行為	Sの意識	Sの行為
最近暑いね	梅雨も明けて、気温も高くなっているし、そら暑い。ここで、天気が晴れていることから外で運動ができるという話題に持っていきたい。	そうだね。最近晴れの日も多いし、気温も高いね。晴れていたら外で何かできるよね？
運動とかできるね（テニスなどの話になる）		自分もテニスがしたい。
テニスしたらいいやん。	この前テニスをしたと相手が言っていたので、うらやましいなぁと思う。他の運動の話題もしたかったので、スポーツの話題に持っていこう。	
		最近バスケもしたいんだよね
バスケやったんだ。室内の競技ではバドミントンをやったんだよね。（バドミントンの詳しい話）打ち方とかもテニスとはまた違う。	なんか、自分は適当にしかバドミントンをしたことがないから、ちゃんとした方法でうまくなるためにバドミントンをするのは難しいんだなあと思った。	
		なるほどね。何か難しそう。
（以下略）	（以下略）	（以下略）

　授業の全課程を終えた後のアンケートで、Sは授業で三分割リフレクションシートについて以下のような感想を記しました。

＜Sの受講後の感想より＞
　（三分割リフレクションシートは）自分がどんな言葉を発しているのか、

> どういう意図でその言葉を発しているのかを考えることで、自分のコミュニケーションの良い点や悪い点が見えてくると思う。
> 　日頃生きているなかではコミュニケーションをとることは何回もあると思うので、そのなかで適当に会話するのではなく、いろいろ考えて頭を使いながら、言葉を発することができればいいと思う。

　このように、コミュニケーション場面での自分の意識について、「あのときはどう思った（感じた）か？」だけでなく、「あのときはどうしてそうしたのか？」というレベルまでふり返ることが望ましいでしょう。そうすれば、行為に移る前の意識のプロセスを明確に意識化できます。三分割リフレクションシートの有効性は、まさに意識化されていなかった意識を明確化するためのトレーニングなのです。

　ちなみに、この授業を開講する度に、Sのように三分割リフレクションシートの有効性を感じる学生は多数います。そして、共通してこれまでのコミュニケーションが適当だった（意識を明確にできていない）ことに気づき、それから意識化をはじめています。なかには、三分割リフレクションシートが習慣化されるうちに、記録しなくても頭のなかにモニターができ、コミュニケーション場面での自分をとらえることができるという学生もいます。みなさんも、日常のコミュニケーション場面などから、特にふり返りたい場面を思い起こして三分割リフレクションシートに挑戦してみませんか？

　ちなみに、Sと同じように学生（Yさん）が授業の最終回に記録した三分割リフレクションシートを紹介しておきます。授業でトレーニングを積み重ねた上で、最終回の課題として日常生活のコミュニケーション場面をリフレクションシートへ書き起こす作業を行いました。以下は、Yが行きつけの服飾店で務めているアルバイト店員のAさんとファミリーレストランで再会したという場面です。この店員と学生とは、以前に商品のやりとりでくい違いがあったこともあり、学生はそれ以降、店に行ってもこの店

員とは距離をおいていたのでした。しかし、このファミリーレストランで再会したときに、店員がふだんから交流のある大学の先輩と一緒にいたため、店員が大学の先輩の同期ということがわかったところから始まります。

■学生Yの三分割リフレクションシート

相手の行為	Yの意識	Yの行為
あっ！とおどろいた感じで私に気づく。	まさかあの店員が先輩の友達だったとは思わなかった。少し気まずいな…。あまりこういう形では会いたくなかったのだけど、ここでは、仲良くなれるように話すか、気づかなかったふりをするのか考えた。それでも、仲良くなれば今後もお店でいろいろお世話になるだろうと思い、話すことにした。でも、どのように話せばいいのかよくわからなかったので、まずは確認をすることにした。	「うわっ！」となる。 あっ、もしかしてあそこのお店の店員さんですよね？
そうです。そうです。いつも来てくれますよね？	ここで、いつも店にいるときの表情とはまた違って優しそうな笑顔で話してきてくれたので、一気に親近感が沸いてきた。そこで、私も笑顔で返事をしようとした。	はい！行ってますよ。いつもお世話になっています。
こちらこそ！	ここで、次に何を話すか迷ってしまった。あのときのくい違いについて彼は私のことをどのように思っているのかを聞こうとするも、まだ早いかなと思い、その場では、同じ大	まさか、先輩と知り合いだなんて思いませんでした。いつも、とても大人っぽく見えるので、社会人なのかと思っていましたよ。大学では会ったこととかありませんよね？

	学だったのか、などの一般的な話をして、話題をつなげていこうかと思った。	
んー多分ないとおもうなぁ。君も大学生だったんだね。 いつも、オシャレな感じでお店に来るから顔は覚えているよ！	ほめてもらえて少しうれしくて、しゃべっているとだんだんとあの件に対して不快な気持ちでいた自分がバカバカしくなってなってきた。もうあのことは仕方がないかと思えてきたのだが、怒りなどではなく、どういう理由でくい違いがあったのかは気になるので、聞いてみようと決心した。	ですよね。僕もありませんでした。覚えてくれてたんですね！ ありがとうございます。 あの、僕がAさんにあの商品が欲しいと言ったのに買えなかったときのことを覚えていますか？
覚えているよ。あれは僕のミスだよね。 ごめんね。今後はそのようなことがないようにするし、今回こうやって出会ったのもいいきっかけだし、今度から店に来たときには、僕に話しかけてね。	覚えてくれてたし、すぐに謝ってくれて、もう完全に許したいと思った。 ここで、相手が今後、気にならないようにするためには、どのように言葉を返せばいいのかなと考えた。 かたくなるのがいやだったので大丈夫と伝えた後はジョークを飛ばして笑い話にしようかなと思った。	いやいや、ぜんぜん大丈夫ですよ。 あのときのくい違いがなんで起きてしまったのか気になっていただけなんです。でもこうやって仲良くなれたわけですし、今度行った時には、目もくれず真っ先にAさんのところへ飛んで行きますね！（笑）
ははは。ありがとう！ まあ、店に入ってくる商品の情報とかであれば、少し早めに教えることもできるかな。	笑ってくれてよかった。あまり気にしていない感じになってくれたので、伝えたいことも伝えられたし、今後仲良くなれて本当によかったと思った。 それを伝えて、飲食店だし、席に戻ることにした。	本当ですか⁉ ありがとうございます。今日いっぱい話せてよかったです。来週も店に行かせてもらいますので、よろしくお願いします。 それでは。

　先の例と同様、Yも当初はここまで自分の意識を明確に言語化することは難しかったのですが、それを可能にしたのはやはり継続的に文字に書き起こしてきた成果と言えるでしょう。書き起こしながら、過去のコミュニ

ケーション場面をふり返るとともに、「ここをもっとこうすればよかった」「これからはこうしていこう」などと考えをめぐらして自身のなかで教訓化することができれば、以降のコミュニケーション実践に生かせていけるはずです。

3．対人援助専門職者による三分割リフレクションシート

　前節では、三分割リフレクションシートを授業で取り組んだ際の大学生の変化を中心に紹介してきました。そこで本節では、コミュニケーション労働をしている対人援助専門職者が三分割リフレクションシートに取り組んだ事例を紹介します。

　次の三分割リフレクションシートは、当時勤続4年目の保育士（Kさん）が、保育場面の記録に取り組んだものです。K保育士は、三分割リフレクションシートに取り組むという提案を受けてから、2か月間継続して取り組みました。

　K保育士も、学生たちと同様、取り組み当初はかなり苦戦を強いられました。特に、意識の箇所の記録は難しかったようです。しかし、継続することで下のようなシートを書けるようになりました。この記録は、2か月目を迎えようとした頃のものです。

■K保育士の三分割リフレクションシート

相手の行為	Kの意識	Kの行為
Sが私の元へやって来て、「ボタンがはめれない」と訴える。	Sはボタンはめの練習を始めて半月。時間はかかるが、自力ですることが出来るようになった。 ⅰ）今日は最初からボタンをはめる気がないのだろうか？もしかして、私にボタンをはめてもらいたいのだろうか？	「S君、S君なら自分でボタンをはめることが出来るよ！自分でやってみよう！」

	Sの気持ちは理解するものの、自力でボタンをはめさせたいな。	
私の問いかけに対して、Sは頬を肩に寄せ、不機嫌そうな態度を示す。	Sの様子から、自分でしようとする意欲が見受けられない。 ⅱ）このまま放っておいたほうがよいだろうか？　それとも何らかの援助をしたほうがよいだろうか？ Sの場合、放っておくといつまでも同じ状態が続く可能性があるので、少し心配。 ⅲ）Sのことを考え、少しだけ援助をしてみようか。援助をした後、様子を見ることにしよう。	「じゃあ、S君、ボタンはめるの一緒にしてみよう。」
Sの瞳が生き生きとした。そして、私と目を合わせた。	Sの様子から、ボタンをはめることに意欲が見られる瞬間だった。 私自身、Sの表情が生き生きとして嬉しくなった。	「ボタンとボタンをはめる穴を合わせ、ここにボタンをはめてごらん。」と促す。
ボタンを握り、穴にはめようと頑張っているS。	私が傍で見守ることにより、安心してボタンをはめてくれるといいな。	自分でしようと頑張っているので、傍で見守る。
時間はかかったが、自力でボタンをはめることができた。	ボタンをはめれた喜びを共感し、しっかり誉めたい。誉めることにより、この調子で次のボタンもはめてくれるといいな。	Sを抱き上げ、「S君すごいじゃん！自分で出来たね。やった！やった！」と大げさなほどにSを誉めた。
Sから笑みが見られた。		「S君、ここのボタンもはめてごらん。」とボタンと穴を合わせる援助をする。
ボタンを手にし、自力でしようとしている。	安心して見守りたい。	「S君、その調子でがんばろうね。」と声かけをし、Sの元からいったん離れる。

	Sの元から離れたものの、様子が気になる。離れたところからしっかり見守り応援してみよう。	ほかの子どもも援助を必要としていたので、その子の援助をした。
時間はかかったが、2つ目のボタンもはめることが出来たようだ。集中したまま、最も困難な一番上のボタンをはめようとしている。	よく頑張っているな。 iv）一番上のボタンは、援助が必要になるかもしれない。しかし、Sからの訴えは見られないので、引き続き見守っていよう。	
周りの友だちがボタンをはめ終わり、次への活動に入っているため、S自身あせり始めている。私に視線を送ってくる。		Sの視線を受けとめるが、離れたところで見守る。
	v）Sの視線にはSの思いがこもっているように感じた。 その思いとは、援助を必要としていることだろうか。それとも、傍に来てほしいことなのだろうか。 視線を送るのではなく、私の元へ来て、自分の思いを言葉で言ってくれればよいのだが。 私の元へ来ようとする様子はない。 vi）もしかして、Sは私と目が合ったことで逆に私の元へ行きづらくなっているのだろうか。Sの様子を見守るほど、Sは自分の思いと葛藤しているように見受けられる。 私からアクションをとってみよう。	「S君、困ってるんなら言いに来てよ。」と声をかける。

Sは私の声かけを待っていたとばかりに、声かけの後、私の元へやって来た。	やっぱり何か伝えたいことがあるんだな。	「どうしたの？」と様子を聞く。
Sは「ボタンがはめれん」と説明をする。	ボタンがはめられないから、どうしてほしいのかが気になる。追求してみよう。	「ボタンはめれんかったんじゃ。一番上のボタンは難しいもんね。どうしようか？」
「ボタンしてください」とS。	自分の思いを言葉で表現することが出来、Sの成長を感じる。 一番上のボタンはあごの下になり、自力でするのは難しいので手伝おう。 手伝うことにより、感覚を覚えてくれるといいな。	「はいよ！よく言えたね。」 「S君、2番目のボタンもはめられたんだ。」と誉める。 一番上のボタンははめやすいように穴を広げる援助をする。
援助を受け、一番上のボタンもはめることが出来た。	やった!! Sとボタンをはめた達成感を分かち合おうと思う。	Sの顔の横に手を出し、ハイタッチする。
にっこりと笑顔を見せ、嬉しそうにしている。		
	四苦八苦しながらも最後まであきらめず、ボタンをはめることが出来、本当に良かった。今日の頑張りが、今後のボタンはめに生かされることを信じ、あたたかく見守っていきたい。	

　この三分割リフレクションシートから、K保育士の意識について分析を深めてみましょう。

　まず、「K保育士の意識」の欄にある「①他者理解の意識」に該当する箇所には直線を付しています。CHAPTER Ⅱの気づきから意味づけまでの意識です。次に、「②行為に移るための判断」に該当する箇所には波線を付しました。ちなみにK保育士が記録に取り組み始めた当初は、「保育士の意識」のなかで、対象者を理解しようとはしているものの、その意味

付けは1つに限定されていました。また、行為に移るための判断についても、同じく1つに限定されており、断定的な理解と判断をしているようにとらえられたのです。

　それでは、この三分割リフレクションシートではどうでしょうか？　下線部に注目してみましょう。

　直線部ⅰ）では、Sがボタンをはめる際に、K保育士が対応している場面ですが、Sの「ボタンがはめれない」という訴えを受けたK保育士は「ボタンをはめる気がないのだろうか」というSの心情について、「私にボタンをはめてもらいたいのだろう」という理解（意味づけ）を加えることができています。Sの心情のなかにあるであろうK保育士の存在へ視線を向けたことがわかります。続いて波線部ⅱ）にあるように、K保育士はSに対して「放っておいたほうがよいだろうか」「援助をしたほうがよいだろうか」と、対応に向けた判断の2つの選択肢を記録しています。ここで、K保育士の意識のなかにゆらぎが生じたことがわかります。その上で、これまでのSの姿もふまえて、波線部ⅲ）の「援助をした後に見守る」という判断をしています。上述の通り、これまでのK保育士が記録してきた「保育士の意識」は、1つに限定される傾向がありましたが、ここでの判断においては、2つの選択肢の内、1つを選択するのではなく、最初に援助をして、その後で見守るという判断へ行き着くことができています。これも判断の選択肢が多様であったことによって可能となったと分析できます（CHAPTER Ⅱのフローチャートを思い返してください）。

　Sが一番上のボタンをはめる段階でも、波線部ⅳ）のようにK保育士の意識にゆらぎが生じています。ここでは、「一番上のボタンは援助が必要になるかもしれない」という予測的な判断が働いており、この予測的な判断を確かなものにするために、Sの反応に視線を向けていることがわかります。そして、Sの反応を確かめることによって、「引き続き見守っていよう」という判断へと到達することができています。「かもしれない」という予測的な判断が、限定した判断を防ぐだけでなく、だからこそ対象者

の反応に視線を向けられていたと分析できるのです。さらに、その直後の場面では、K保育士に送られたSの視線から、直線部ⅴ）の「援助を必要としていることだろうか。それとも、傍に来てほしいことなのだろうか」と、Sの心情を多面的に理解しようとする意識が記録されています。K保育士がこのような理解に到るには、Sの視線に込められた思いに対する想像的な理解を契機とし、その上で多面的な意味づけが得られています。さらに、Sの動きをとらえながら、直線部ⅵ）のようにますますSへの共感的な理解を深めようとしていることがわかります。ここからも、多面的な理解は、その瞬間だけにとどまるのではなく、より一層そこから理解を深めようとする意識を可能にしていると分析できます。

　このように、K保育士は三分割リフレクションシートを通じて「行為の後の省察」を繰り返し、以降のコミュニケーション実践で意識の働きを高めることができるようになりました。K保育士は「これまで自分の意識を記録するなんてしてこなかったために、当初、そこを敢えて記録しなければならないことが大変だった」と語っています。その上で、「『自分があの時に何を意識していたのか』を言語化する訓練ができ、次第に慣れてきた」とも語ります。K保育士の語りにある「記録（言語化）しなければならない」という意識を継続的に作用させることで、自らの意識を言語化する訓練となり、習慣化へと導かれる結果を招いたようです。これも、三分割リフレクションシートのなかで「保育士の意識」を領域化した成果でもあると考えられます。

【註】本章の第2節には、ヒューマンパフォーマンス研究会編、三浦孝仁・中山芳一ほか『大学生のためのキャリアデザイン－大学生をどう生きるか』（かもがわ出版、2013年）第3章コミュニケーション力を高めよう（39～58頁）から一部修正して抜粋した箇所があります。また、本章の第3節には、中山芳一「実践記録にもとづいた園内研修の目的・内容・方法Ⅰ―三分割実践記録法による省察の変容に焦点をあてて―」中国四国教育学会『教育学研究紀要』第55巻、326～331頁から一部修正して抜粋した箇所があります。

CHAPTER IV
ナラティヴ・コミュニケーション

1. ナラティヴ・コミュニケーションとはなにか

　前章まで、コミュニケーションやコミュニケーション力とは何かについて述べてきました。そして、特に意識と行為と省察によって構成されるコミュニケーション実践について詳述してきました。また、コミュニケーション実践における意識の内実や構造、コミュニケーション力を高めるための省察の方法と有効性についても述べてきました。ここまでの3つの章が、コミュニケーション実践を柱として、日常やコミュニケーション労働におけるコミュニケーション場面のなかで役立てられることを願っています。

　さて、本章では、前章までを足掛かりとして、さらにコミュニケーション実践を豊かにするために「ナラティヴ・コミュニケーション」について論を進めます。ナラティヴとは物語と訳すこともできますが、野口裕二はナラティヴを具体的な出来事や経験を順序立てて物語ったものとして定義づけており（『ナラティヴの臨床社会学』勁草書房、2005年）、このようなナラティヴの視点から現象に接近する方法をナラティヴ・アプローチとしています。

　ナラティヴ・アプローチは主に臨床の世界で用いられており、ナラティヴ・セラピーとも呼ばれることがあります。この場合は、クライアント（対象者）の内面で複雑に絡みあっている出来事や経験を順序立てて物語ることができるようにセラピストが援助していく手法として位置づけられます。

　本書の目標は、セラピストのような専門的で高次のレベルのナラティヴ・アプローチにまで引き上げることではありません。上述のように定義づけられているナラティヴ及びナラティヴ・アプローチを参考にして、日常またはコミュニケーション労働でのコミュニケーション場面をベースとしたナラティヴなコミュニケーションについて述べていきます。そして、

このナラティヴ・コミュニケーションによって、コミュニケーション実践がより豊かにできると考えています。

2．物語には文脈がある

　繰り返しになりますが、ナラティヴとは物語です。よく人生とはその人の物語だといわれます。また、他者とのコミュニケーション場面も1つひとつの物語であり、これらのショートストーリーが紡がれることによって、壮大な物語になるわけです。

　ところで、物語には語り手の存在が必要不可欠です。語り手が存在して初めて物語は物語になります。では、上述のような物語は実際に誰が語り手になっているのでしょうか？

　CHAPTER Ⅱ を思い出してみましょう。いま、ここで起きているあらゆる現象のなかから、気づいた出来事があり、それを意味づけて理解するという過程がありました。この出来事化から意味づける意識の働きこそ、語り手に求められています。つまり、1人ひとりの「私」が語り手となり、それぞれの「私」の物語をつくり出していることになります。このとき重要な点は、CHAPTER Ⅱ の繰り返しになりますが、「私」の物語は「私」という主観の域を超えないということです。

　それでは、主観の域を超えないのであれば、個人の勝手気ままな思い込みだけで語られる物語になってしまうのでしょうか。ここで重要なカギとなるのが「文脈（context）」という概念です。物語には文脈、すなわち意味内容をつなげていく文章の流れというものが必要です。『桃太郎』の物語は、おじいさんが山へ柴刈りに行き、おばあさんが川に洗濯へ行くところから始まります。そして、おばあさんが川で洗濯をしているときに、大きな桃がどんぶらこと流れてくるわけです。ここから先はご存知の通りですが、このような物語の流れが文脈です。さらに言うならば、おじいさんの柴刈りとおばあさんの洗濯から『桃太郎』の文脈は始まっているように

55

思えますが、すでにこのとき、鬼が島の鬼たちが村人たちを困らせているという文脈も潜んでいるわけです。

　こうした文脈を通じて物語はつながり、先へ先へと流れていきます。これは何も昔話や小説、映画や漫画に限定されることではありません。例えば、ある高校生がA大学へ入学したという物語は、いきなり入学したところから始まるのではなく、ある家庭で産声を上げ、乳児期や幼児期を過ごし、ある小学校へ入学して……という文脈があるから、A大学へ入学したということがわかります。A大学ではなくB大学へ入学したいなどの選択によっては、別な文脈があったでしょうし、それ以前の高校を選択すれば、また別な文脈になっていたでしょう。さらには、両親の出会いという文脈がなければ、この学生は存在すらしなかったわけです。長期的な視野で文脈を読み開いていくと、1人ひとりの物語はあまりに壮大かつ複雑な文脈のなかで、できていることを実感できます。

　ちなみにキャリアデザインという考え方は、このような文脈のなかで自らの人生をどのように選択していくか、そして文脈のなかに客体として埋没するのではなく、自身も環境との相互作用のなかで文脈をつくり出す主体となることが示唆されています。この考え方も根本的にはナラティヴ（物語）に通じていることがわかります。

　さて、文脈に対する視線を遠くに伸ばしましたので、次は近く短めなところへと視線を移してみましょう。コミュニケーション実践とナラティヴ・コミュニケーションの関連性において、もちろん他者のライフヒストリー（成育歴）という長期的な文脈を読み開くことで他者理解は深まります。それがコミュニケーション実践にとって大きな役割を果たすことにもなるでしょう。しかし、すべてのコミュニケーション場面で他者の長期的な文脈を読み開くことはできませんし、そこまでする必要もありません。他者と意思共有する上で必要なことは、他者の行為が示す他者の意図や感情を理解するために、その行為の理由を探ることです。そして、その行為の理由を生み出したバックグラウンドには、なんらかの短期的な文脈によ

る因果関係があると知っておくことなのです。

　実は、このことは多くの人たちが当たり前のようにやっているはずです。

　例えば、小学3年生のわが子が学校から帰ってきたとします。いつもなら「ただいまぁ〜！」と元気に帰ってくるのに、この日は何も言わずにふてくされた顔をしています。朝は元気よく「行ってきま〜す！」と言って学校に向かったはずなのに……。親として「なぜ、いつもとこんなに違うんだろう」と思い、いつもと違う理由や心情について意識を向けるでしょう。この時点で「どうしたの？」「何があったの？」などと尋ねているかもしれません。そして、家を出た時点から帰宅まで、つまり学校や登下校の道中に何かがあったのだろうと想像することになるでしょう。

　このように、よくありそうな事例であっても、文脈を意識して、わが子のふてくされ顔の理由を探ろうとしていることがわかります。最も明らかにあらわれているのは、学校や登下校の道中に何かがあったのだろうと想像したところでしょう。この想像そのものが、朝から現在までの短期的な文脈に意識を向けていると言えます。「ふてくされ顔」→「腹立たしい思いをしているのかな」→「学校か登下校中に何かがあったのだろうな（文脈）」という流れです。しかし、これだけではありません。わが子がいつもと違うという気づきのところにも文脈が意識されています。なぜなら、いつもは元気よく帰ってくるという文脈があるからです。さらに、朝は元気よく家を出たというところにも文脈が意識されていることがわかるでしょう。

　逆に、このように「①いつも……」という文脈、「②朝は……」という文脈、「③学校か登下校中に……」という文脈を意識できていなければ、どうだったでしょうか？　①や②が意識づけられていなければ、いつもと違うわが子の様子にさえ気づくことができなかったでしょう。③が意識づけられていなければ、「ふてくされ顔なんかしないで！」などと一方的に注意していたかもしれません。文脈を意識することで、文脈のなかから気

づきを与えられ、文脈を読み開いていくことができるようになります。

3．文脈依存の危険性

　このように文脈について理解を深めていくと、コミュニケーション実践が文脈に高く依存していることがわかります。1人ひとりが日々異なる文脈のなかで生きており、その文脈が絡みあうことで因果関係が生まれ、新しい文脈ができあがります。その時その時がさまざまな文脈によって成り立っているため、実践のなかには多様ないくつもの正解があり、適切な理解と判断を力として求められるのがコミュニケーション力なのです。

　この文脈依存性が高いことについて注意しておかなければならないこともあります。それは、いわゆる「空気を読む」という言葉で表現されるものです。わが国の文化の特性が、空気を読む国民性をつくってきたことも要因かもしれませんが、いずれにせよ、このような高文脈な文化だからこそ、「阿吽の呼吸」「ツーと言えばカー」というコミュニケーションを可能にしています。「こういう文脈だから、こうすればいい」と意識することで、空気を読むことができるようになっていくのです。

　しかしそれは、一方で言語表現などのコミュニケーション行為（パフォーマンス）を矮小化してしまうことにもつながります。個人の表現力ではなく、その場の空気を読み取ることに力点が置かれると、能動的にパフォーマンスするよりも、空気を読み取ってもらうことに任せてしまう受動的なスタンスをとることになります。コミュニケーション実践の主体になるためには、高文脈な文化の孕む危険性を理解し、ときには空気に任せるのではなく、自らのパフォーマンスによって空気を変える（文脈に働きかける）姿勢をもっておきたいものです。

4．物語る力

　ナラティヴ・コミュニケーションを通じてコミュニケーション実践を営む場合、さまざまな文脈を読み開きながら、自分自身や他者の物語、さらには自分と他者との関係性の物語を紡いでいくことが求められます。そのためには、1人ひとりの物語を紡ぐ力、つまり「物語る力」を磨いていかなければなりません。このカギとなるのが内的言語（内言）です。内的言語とは、自分自身のなかで言葉を介して自分自身と対話すること（自己内対話）を意味します。なお、外的言語とは、対象世界（外側の世界）に向けて言語を発することです。

図12：内的言語と外的言語

　内的言語能力は、概ね4歳頃から形成されはじめ、学童期に入ると急速に発達すると言われています。人は、内的言語を介して対象世界にあるさまざまな事象・事物に意味をもたせていきます。「あのとき○○したのがうれしかった」「あのとき△△だったのがイヤだった」などのように「う

れしかった」「イヤだった」というのは、自分の内面世界で意味をつけた後に発せられる言葉です。そして、さまざまな事象・事物に対する意味を関連づけていくこともできるようになります。したがって、内的言語を介して自分自身と対話することは、思考するということであり、思考力は内的言語能力によって大きく影響を受けるのです。

　前章で紹介した三分割リフレクションシートの真ん中にある「意識」の欄こそ、まさにその時その時の内的言語を文字に書き起こしたものです。内的言語を豊かにするためには、三分割リフレクションシートのように意識を明確化するトレーニングが効果的です。しかし、いつも三分割リフレクションシートに書き起こすのは困難です。前章でふれたように、その日のことをふり返りながら頭のなかで言葉にするだけでも、その役割を果たすことになります。さらに、そこで物語を意識してほしいのです。箇条書きの感覚で、「あのときは○○」「あのときは□□」……とぶつ切りに言語化するのではなく、それらを関連づけながら（文脈をつくりながら）物語にしていくことで、物語る力を高めていけるようになるでしょう。

　例えば、ドラマや漫画、映画のワンシーンで主人公自身の内なる語りが出てくるシーンを思い起こしてください。実際には主人公は声に出して語っていないのに、自分がどんな状況に置かれていて、そのとき何を感じ（思い）、実際に何をして（言って）、そのことについてどのようにふり返ったのかを、一連の流れで語ることがあります。まさに、間主観的に自分と他者と周囲の環境などを俯瞰しながら、物語っているのです。この「自分語り」とも言える物語は、辻褄が合っていれば、自分のなかで納得をつくり出すのですが、逆に辻褄が合わない場合には、自分自身を責めてしまうことにもなるでしょう。いずれにしても、ナラティヴ・コミュニケーションを通じてコミュニケーション実践を営むときには、内的言語にもとづいて自分自身を物語れるようにならなければなりません。

5．共感する

　共感性（Empathy）という概念があります。他者の思考や感情を「きっとこの人は今こう思っているのではないだろうか」と、他者の視点に立って想像的に理解することです。ときにはそこに情動的な側面が加わり、他者に対して感情移入する場合もあります。CHAPTER Ⅱ の意識の働きにあった気づきからの意味づけと重なる概念と言えるでしょう。

　一方、似て非なる概念として同情（Sympathy）があります。これは、「きっとこの人は……」と想像するのではなく、「あの人はかわいそうだ」という具合に一方的に憐れむことです。前者が間主観的であるのに対して、後者はきわめて主観的です。コミュニケーション実践を営む上でも、また他者をケアする上でも、重要視されるのは同情ではなく共感性であることは言うまでもありません。

図13：同情と共感の違い

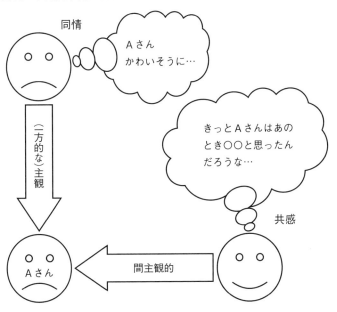

それでは、共感するためには何が必要なのでしょうか？　言い方をかえるなら、どうであれば共感できていると言えるのでしょうか？
　例えば、以下のような人たちがいたとします。どのタイプが共感できている人だと考えますか？
　　Ａさん：感動する映画を見ていたら、すぐに登場人物に感情移入して泣ける人
　　Ｂさん：おとなしいけど、相手のちょっとした表情の変化にも敏感に気づく人
　　Ｃさん：話術で相手を笑わせたり、感動させたりするのが上手な人
　　Ｄさん：「○○がほしいなぁ……」と思っているだけなのに、持って来てくれる人
　　Ｅさん：いつも「うんうん」とうなずいてじっくり話を聴いてくれる人

図14：だれが共感できている人？

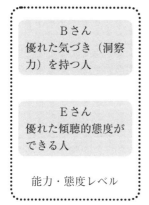

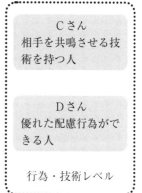

　結論としては、いずれのタイプも共感できているということになります。ただし、どのように共感できているかが異なっており、図14のように類型化することができます。あくまでも類型化の一例ですが、「共感的な能力や態度のレベル」「共感的な感性のレベル」「共感的な行為や技術のレベル」というような枠組みをつくることができます。類型化してみてわかるのは、同じ共感するということであってもそれぞれ異なっているという

図15：共感性の認知的側面と情動的側面

ことです。

　共感性には認知的側面と情動的側面の両側面があり、両側面を統合した状態が共感するということになります。この構造を図15に示します。CHAPTER Ⅱで説明した意識の構造は、共感性の認知的側面の構造を再構成したものと理解してください。

　CHAPTER Ⅱで共感性の認知的側面のみを取り上げたのには理由があります。本書のねらいは、あくまでもコミュニケーション実践においてコミュニケーション力を高めることにあるからです。

　情動的側面に力点を置いて「感性を豊かにしましょう」と強調しても、実際には非常に難しいことです。一方、認知的側面であればCHAPTER Ⅲのような具体的なトレーニングによって高めることが可能です。そして、共感するということは、他者には聞こえてこない、見えてこない行間まで読み取りながら、他者の物語を読み開き、他者の思いや感情を理解することになります。そして、他者という主体を尊重し、想像的に他者の視点に立つことが、共感する上では何より必要なのです。

CHAPTER V
コミュニケーション力に
磨きをかける
アクティブラーニング

CHAPTER Ⅲで紹介したコミュニケーション力を高めるための授業やコミュニケーション労働をしている実践者のための研修などでは、前章までの内容に加えて演習を行うようにしています。コミュニケーションに関するテーマは、理論的な側面を理解することにとどまっていては、さらなるコミュニケーション力の向上につながりにくいからです。そのため、筆者だけでなくコミュニケーション教育に取り組む教育実践者たちは、それぞれにワークショップなどを活用した教育方法を取り入れています。
　このような教育方法は「アクティブラーニング」という手法に包括されており、一方的に知識を教え込む方法とは異なった能動的な学習をつくり出します。
　アクティブラーニングとは、一言で言い表せば「能動的な学習」ですが、この能動的な学習における「能動性」には、より丁寧な吟味が必要です。そのため、ここでは能動性を内的能動性と外的能動性とに分けて、図16のように構造化しました。内的能動性とは、学習者が学習内容に興味・関心を高めたり、活動に当事者性をもつことができたり、他者との共同関係のなかで「よくわかる！」「意味あることだ！」「自分にとって重要だ！」などと自分自身のなかで価値認識をもてることです。一方、外的能動性とは、学習者の内的能動性を引き出すためのきっかけになる表面化された活動や媒体のことです。
　上述の通り、学習者は学習活動を通して、自身の内面世界で学習する内容や活動に興味・関心を抱き、価値づけをします。この状態が内的能動性を引き出した状態です。そして、この内的能動性を引き出す役割を外的能動性が果たすのです。繰り返しになりますが、外的能動性は学習者の内的能動性を引き出すきっかけにならなければなりません。ディスカッションやプレゼンテーション、フィールドワークなどのさまざまな学習活動において、共に学ぶ学習者たち、実験器具や視聴覚機器のような道具、また教育実践者の語りなどがきっかけとなり内的能動性を引き出すことになります。したがって、外的能動性は学習者の内的能動性を引き出せたかどうか

が重要であるため、アクティブラーニングを進める際には表面化された活動や媒体にばかりに注意を向けていてはいけません。そうでなければ、「何らかの活動をした、何らかの道具を使った＝アクティブラーニングをした」となってしまいかねないからです。内的能動性と外的能動性の相関関係を視野に入れて、学びのデザインをすることがアクティブラーニングには求められます。

　ところで、このように、学習者の内的能動性を引き出すための外的能動性のことを「アクティビティ」と呼ぶことにします。アクティビティとはよく「活動」と訳されますが、活動に限定するのではなく、学習者の内面世界に活気を与えて価値認識を促すきっかけというとらえ方をしました。このようにアクティブラーニングにおいて内的能動性へ方向づけるための外的能動性をアクティビティとして構造化すると、アクティブラーニングが単に何かの活動だけやっていればよいということになり得ないことが鮮明にわかるでしょう。アクティブラーニングは、単なる活動主義に陥ることなく、学習者の内的能動性を引き出して、学びを豊かにすることを目指さなければなりません。

　それでは、アクティブラーニングにおいて、アクティビティとなる要素

図16：アクティブラーニングにおける内的能動性と外的能動性の構造

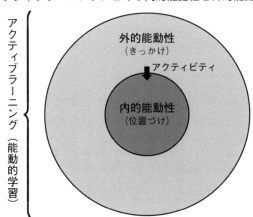

にはどのようなものがあるのでしょう？　大きな要素としては、「教育実践者」「学習者集団（他者）」「メディア・ツール」が挙げられます。これら3つの要素が学習者の内的能動性を引き出すことで、アクティビティとなるのです。例えば、教育実践者の語りによって学習者の興味・関心が高まり、「この話は面白い！」と価値づけができれば、教育実践者の語りそのものがアクティビティになります。同様に、1人で考えるのではなく、ペアワークを通じて学習者同士が話し合うことで理解できたとき、「理解するって楽しい！」と価値づけができれば、ペアの学習者がアクティビティになります。また、何らかの題材について考えたり、映像を視聴したり、実験をしたりとメディア・ツールを介して「これは大切なことだ！」と価値づけできたときも同様です。さらに、各要素が有機的に結びつけば、より重層的なアクティビティとなり、学習者の内的能動性を豊かに引き出すことも可能となるでしょう。究極的には、各要素のアクティビティを三位一体的に結びつけたいものです。

　ここでもう1つ重要になるのは、このアクティビティを有機的に結びつける役割を果たすのは誰かということです。基本的には教育実践者です。教育実践者には、教育実践として学習者間をコーディネートし、メディア・ツールをデザインする役割が求められます。したがって、教育実践者は自分自身がアクティビティになるだけでなく、ほかの要素のアクティビティ同士を結び付けてシナジーをつくり出すという二重の役割をもつことになります。言い換えるなら、二重の役割を果たさなければ、教育実践者だけがアクティビティになり続ける限界を超え、アクティブラーニングの質を重層的に高め、学習者の学びを豊かにすることはできないわけです。図17に整理しましたので参照してください。また、1回の授業や研修で同時にアクティビティを結びつけなくとも、カリキュラムを通して複数の授業や研修の中で結びつけることも十分考えられます。そのときには、教育実践者の語りが中心となる回もあり、演習や実験が中心となる回もあるといった連続性の中でのデザインとなるでしょう。

図17：アクティビティの三要素と要素間の結びつき

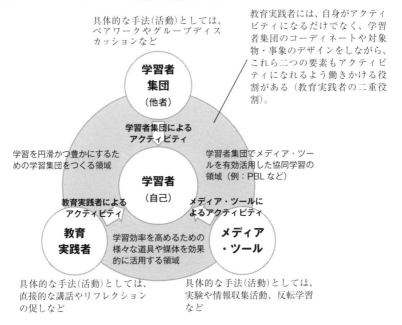

なお、この考え方は相互主体的な学びをつくり出すための学習方法にも通じるものです。教育実践者という主体が、教えたいことを直接的に教えるのではなく、学習者という主体が自ら学びとれるように媒介項を設定するわけです。これを「教材」と呼びます。まさに、アクティビティとなる教材を教育実践者がデザインすることになるのです。

図18：相互主体的な学びについて

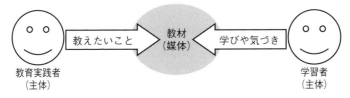

本書で述べているコミュニケーション教育に関しては、コミュニケーション力の獲得・向上と、コミュニケーション実践への活用を統合した目

標にしています。そのため、特に学習者が主体的に学び、自身に内面化（内的能動性による価値認識）できることが重点的に求められます。したがって、筆者の授業や研修でも、アクティブラーニングや相互主体的学びの枠組みにもとづいたアクティビティを意識して、多様なプログラムを設定してきました。

　そのなかから、代表的なプログラムを紹介していきます。これらは筆者が独自に考案したものもあれば、すでに提供されているプログラムも含まれています。

　なお、ここで紹介するプログラムは、筆者がコミュニケーション力の獲得・向上を目的として、これまでの授業や研修で実際に取り組んできたワーク形式が中心です。そのため、上述してきたことすべてを反映できていない点についてはご了解ください。

CHAPTER V　コミュニケーション力に磨きをかけるアクティブラーニング

1．1分ジャストスピーチ

ペアワーク

1分間ジャストで○○○○について話をしてみましょう！

　1分間ジャストという時間制限のなかで、必要な情報を選んで、それらを筋道立てて話します。相手に一方向的に何かを話すときには、話の内容もそうですが、話す時間にも気をつけなければなりません。特に、時間が1分間を超えてしまった場合には、話を聞いてくれる人の集中力も低下していくことが予想されます。

　そこで、「何かを話すときには1分間」を意識づけられるようにするためのトレーニングを行います。ちょうど、ボクサーが1ラウンド3分間を体に刻み込むようなイメージで、1分間を意識づけられるとよいでしょう。そのためにも、あえて1分以内ではなく1分間ジャストで、しかも時計を見ずに話すようにしてください。

　また、このように時間が制限されることで、話したい情報を選別する力が求められます。「あれも話したい、これも話したい」となると、時間はあっという間にオーバーしてしまいます。逆に、話す情報が少なすぎると時間が余ってしまい、沈黙の時間になってしまいます。適切に話したい情報を選び、どういう順番で話せばよいのかを予め考えておくことをおススメします。

　なお、授業や研修会の開始時点で自己紹介やいまの私の気持ちなどを1分間ジャストで話してもらうと、アイスブレイクの役割を果たすことができるでしょう。また、昨日の晩御飯を美味しそうに話すなどをテーマにすると、表現力を鍛えるトレーニングにもつながります。あわせて、話す人は立って話し終わったら座る、時間が余ってしまったら相手側は話し終わった人をじっと見つめる、などのルールを入れ込むと、ほどよい緊張感をつくり出すこともできます。

2．こんなときあなたならどうする？

ペアまたはグループワーク

こんなとき、ベストな対応とNGな対応の両方を考えてみましょう！

　具体的なコミュニケーション場面に対して、こんなとき自分ならどうするかの最善策（以下の問いでは（②）を考えるケーススタディはよくあります。しかし、このときあえて最悪なほう（①）も一緒に考えてもらうのです。

　例えば、以下のようなケースがあります。問1～3は学生を対象とした授業で使っているケースで、問4・5はコミュニケーション労働をしている学童保育指導員を対象とした研修で使っているケースです。

問1：あなたは、友人に「カラオケに行こう！」と誘われました。しかし、あなたは、カラオケに行く気分ではなかったため、その誘いを断ることにしました……。
　①友人との人間関係が決裂するぐらいNGな断り方を考えましょう。
　②友人がきちんと納得できるような断り方を考えましょう。
問2：あなたは、筆記用具を忘れてしまい、隣の人に借りたいと思っています……。
　①隣の人が「コイツには絶対に貸したくない！」と思えるお願いを考えましょう。
　②隣の人が気持ちよく「貸してあげたいな」と思えるお願いを考えましょう。
問3：あなたは、友人に約束をすっぽかされてしまったことに一言物申したいと思っています……。
　①友人との友情関係に、確実にヒビが入る一言を考えましょう。
　②友人が「約束をすっぽかして悪かったなぁ」と思える一言を考えま

しょう。

問４：１・２年生12人でドッジボールをしているとき、自分のチームが負け始めた２年生のタロウが、すぐさま「チームがえしよう！」と言い出した。周囲からは「イヤだよ！」「またタロウが言い出した〜！」などのブーイングも上がっている。それでも「チームがえしようやぁ！」と負けじと言い続けるタロウ……。

①タロウがもう２度とドッジボールなんてしたくないと思うようなかかわりを考えましょう。

②タロウもほかの子どもたちも納得できるようなかかわりを考えてみましょう。

問５：１年生２人・２年生２人・３年生１人の５人のグループでおやつを食べている。この日のおやつにミニゼリーがあった。イチゴが１つにブドウとオレンジが２つずつ。３年生のアユミがゼリーを下級生たちに分けているが、アユミは自分の好きなイチゴを手に隠して、ブドウとオレンジを下級生たちに配っている。下級生たちは、まだ気づいていないようだが……。

①アユミが下級生たちから信頼を失うようなかかわりを考えてみましょう。

②アユミも下級生たちも納得できるようなかかわりを考えてみましょう。

このようなケースについて２極的に両側面から考えることで、単にこのときはこうするというマニュアル的な考え方をするのではなく、何に気をつければベストになり、逆に何が欠落するとＮＧになるのかという教訓を導き出せるきっかけになります。また、日常的についＮＧ側の対応をしてしまっている場合には、そのことを見直すきっかけにもなるでしょう。そのためにも、両側面から考えてみたことで気づいたことや共通することなどを出し合うフィードバックが大切になります。

3．ワンワードゲーム

> 4〜7人の
> グループ
> ワーク

制限時間内に１単語（文節）だけを順番に出し合い、１つの物語を作ってみましょう！

　このゲームはよくコミュニケーションゲームとして使われているものです。あらかじめグループ内で１つの物語を共有し、その物語を１単語（文節）ずつ順番に出し合いながら完成させるゲームです。

　例えば、５人グループで『桃太郎』に挑戦します。①むかし→②ある村に→③おじいさんと→④おばあさんが→⑤いました→①おじいさんは→②山へ→③柴刈に→④おばあさんは→⑤川へ→①洗濯に……、という流れになります。５番目の人まで進めば、また１番目の人に戻って、順番に１単語（１文節）を出し合っていくわけです。

　さらに、このゲームを行うときには、制限時間を設けます。例えば７分間を制限時間とする場合は、６分50秒から７分00秒までの10秒間を「めでたしタイム」として、この10秒間の間で物語を完成させ、みんなで「めでたしめでたし」と声を合わせるのです。そうすると場の雰囲気も楽しくなります。進行する側は１分間ずつ時間をコールして、参加者は時計を見ないようにすると、緊張感も増してくるでしょう。

　そして、このゲームの醍醐味は「めでたしタイム」に突入するまでは物語の間を自由に変えられるところです。例えば、物語が早く進みすぎてしまったと思われる場合、桃太郎一行は鬼が島に行く前に竜宮城に立ち寄るといったこともできます。しかし、いざ「竜宮城に」と言っても、次の人がその意図を読み取ってくれなければ意味がありません。まさに、物語の文脈と他者の意思共有を意識しながら進めていくコミュニケーションゲームです。

4．あなたは○○な人

ペアワーク

フリータイムの後で、ペアがどんな人か他己紹介してみましょう！

　ペアをつくった後で、15分程度のフリータイムを設けます。フリータイムでは、活動できる範囲内でできるだけ自由に活動してもらいます。そして、フリータイム後にペアがお互いに「あなたは○○な人だと思う」という発表（他己紹介）をするのです。

　ここで注意しておきたい点は、あらかじめフリータイムの後で他己紹介をすると告知しておくことです。また、その際に「あなたは○○な人」という前に「フリータイムの間にあなたがこういうことをしたから、あなたは○○な人」という発表の方法を促しておきます。併せて、相手が不快に思う内容は言わないようにすることも注意喚起しておきます。

　このペアワークはとてもシンプルではあるのですが、CHAPTER Ⅱの「気づき→意味づけ」の内容を体験的に理解してもらうためにはとても有効です。しかし、そのためには他己紹介を終えた後でフィードバックをする必要があります。まず「あなたがこういうことをしたから……」というのは、現象から出来事化したことによって生まれたエピソードであること、次に「あなたは○○な人」という意味づけをしたことを確認できます。そして、事前に他己紹介をするという告知を受けたことで、ペアに対してアンテナを立てることができたという確認も必要です。さらに、不快に思う内容を言わないということで、ポジティブなフィルターを意識できたことも確認できます。

　このようなフィードバックとセットにすることで、学習者はフリータイム中のコミュニケーション場面で働かせた意識と「気づき→意味づけ」とを重ね合わせられるようになります。

5. クローズドクエスチョンゲーム【ペアワーク】　ペアワーク

クローズドクエスチョンで、ペアの○○を当ててみましょう！

　CHAPTER Ⅲでも登場したクローズドクエスチョンです。よくオープンクエスチョンとクローズドクエスチョンの2つの質問を使い分けることが大切だと言われます。そのなかで、クローズドクエスチョンに注目したコミュニケーションゲームです。

　ちなみに、オープンクエスチョン（開かれた問い）は、相手側が自由に答えられる質問です。例えば、昨日の晩御飯は何を食べたのかを質問したい場合は「昨日、晩御飯に何を食べたの？」と質問すればよいわけです。

　クローズドクエスチョン（閉じた問い）は、相手側がすでに決められた選択肢のなかから選んで答える質問です。上の例であれば「昨日、晩御飯にカレーライスを食べたの？」と質問すると、相手側はイエスかノーの選択肢で答えることになります。

　このように質問を2つに分類したとき、オープンクエスチョンのほうが開かれているからよいというのではありません。むしろ、クローズドクエスチョンのほうが答えやすい場合もあるでしょう。さらに言えば、選択肢が限られている分、クローズドクエスチョンでは、質問する側がしっかりと考えてから質問する必要があるでしょう。

　クローズドクエスチョンの特性を生かして質問内容を考えることで、CHAPTER Ⅱの「気づき→意味づけ→仮定→判断」を体験的に理解するのに効果的なゲームです。ルールは「クローズドクエスチョンの5回目でペアの○○を当てる」というシンプルなものです。

　例えば、相手の昨日の晩御飯を当てる場合には、
　①昨日の晩御飯は洋食でしたか？　　　　→ノー

②昨日の晩御飯は中華でしたか？　　　→イエス
③昨日の晩御飯でお米を食べましたか？→ノー
④昨日の晩御飯は麺類でしたか？　　　→イエス
⑤昨日の晩御飯はラーメンでしたね？　→イエス（正解！）

　以上のような流れでペアに質問していくわけです。このゲームのテーマは、昨日の晩御飯にはじまり、好きなスポーツや映画、いままでの一番の思い出、飼ったことのあるペット……など、いろいろと設定できます。また、制限質問数の5回も、柔軟に変更することが可能です。

6．グループディスカッション

4～7人の グループ ワーク

グループで1つのテーマについてディスカッションしましょう！

　グループディスカッションは就職活動などでもすっかり定番になってきましたし、アクティブラーニングの代表的な学習活動といっても過言ではありません。ディスカッション（議論）はコミュニケーションの形態の1つでもあり、コミュニケーションの学習活動に直結していると言えるでしょう。例えば、授業では下のような内容のディスカッションを行っています。

　＜テーマ：コミュニケーションに必要なこと　ベスト3は？＞
問）他者とのコミュニケーションに必要不可欠だと思うことはどれですか？　以下のなかから個人でベスト3を選んだ上で、グループディスカッションを行い、20分以内にグループのベスト3を決定しましょう。なお、決定に至った理由もあわせて考えましょう。

No	項　目	概　要
1	心理的な距離感形成	相手との心理的な距離感を上手に調整できること
2	自己肯定感・自己開示	自分の弱さも含めて、自分をありのままさらけ出すこと
3	間主観的思考・想像力	相手の思いを創造的に理解し、相手の立場に立った考え方をすること
4	リフレクション	ふり返ることでコミュニケーションを改善すること
5	感情移入	相手の感情に入り込むことで、相手と同じ感情を抱こうとすること
6	感情コントロール	自分の感情の起伏を意識的にコントロールすること
7	身体感応性	表情や仕草から反応を相手に伝えること
8	傾聴スキル	相手の話をじっくりと最後まで耳を傾けて、聴き入ること
9	論理的プレゼンテーション	結論と論拠の筋道を明快にして、わかりやすく説明すること
10	アサーションスキル	相手に不快な思いを与えないように自己主張すること

グループディスカッションは、グループ内で1つのテーマを共有して意見を出し合い、他者の意見（考え方）も取り入れながら多面的に考えられるようにするためのトレーニングです。あわせて、ディスカッションを展開したり、結論を導き出したりする上で、自身のグループ内での役割を認識できることも重要です。

そこで、ディスカッション中にあえて下のような指示カードを配布して、その役割に徹してもらうようなワークも行います。

カードA：ひたすら周りの意見を批判しなさい
カードB：ひたすら自分の意見を押し通しなさい
カードC：ひたすら周りの意見を肯定しなさい
カードD：ひたすら周りに意見を求め続けなさい
カードE：ひたすら周りの意見に黙って傾聴しなさい

これらは、いずれもディスカッションをする上では大切な役割ですが、いずれか1つに徹することは困難です。とくに、ふだんカードEに特化しているような人にとっては、カードBの指示が出ると大変です。しかし、これらの役割をコントロールできるようになるためのきっかけにできるでしょう。

7．あなたの思い出を100字に　　　ペアワーク

ペアが書いた100字の思い出を、5分間ストーリーとして語りましょう！

　CHAPTER Ⅳで紹介したナラティヴ・コミュニケーションを体験的に理解するためのペアワークです。まず、ペアがそれぞれ100字以内で自分の一番の思い出を書きます。例えば、下枠内がちょうど100字の思い出エピソードです。

　私の一番の思い出は、高校の部活でバスケットボールをしていて、3年の夏の県大会で準優勝になったことです。チームメイトは頑張ってくれたのですが、私の調子が悪くてシュートも決まらず僅差で負けてしまいました。

　このようなエピソードをペアで交換して、お互いに100字では書ききれなかった思い出の内容について質問し合います。質問に答えてもらうことで、100字の物語の行間を埋める作業をするわけです。質問タイムを終えると、自分の思い出ではなくペアの思い出を5分間でプレゼンテーションします。このとき、ペア間で交互にプレゼンテーションを行ってもよいですし、ほかのペアと合体して順番に行ってもよいでしょう。
　自分の思い出ではない上に、たった100字のエピソードを、5分間のボリュームで語るのはとても難しいことです。しかし、質問タイムで行間を埋めるとともに、自分自身のなかでさらに想像的につくり出して、なんとか5分間の物語にしていきます。これによって、CHAPTER Ⅳの物語る力を高めていくためのきっかけづくりにしていくわけです。

CHAPTER V　コミュニケーション力に磨きをかけるアクティブラーニング

8．写真から想像するストーリー

ペアまたはグループワーク

○枚のシーンから一つの物語をつくってみましょう！

　このワークもナラティヴ・コミュニケーションを体験的に理解することをねらいとしています。

　まず、学習者に1枚の写真（イラスト）を見せます。例えば、1人の女性が部屋のなかで泣いているシーン＜写真A＞です。どうしてこの女性は泣いているのかを想像的に読み開くなかで、彼女が泣いてしまうに到るまでの物語をつくるのです。

　恋人と別れて泣いているのであれば、恋人と別れるに到るまでの物語を、映画を見て感動して泣いているのであれば、その映画がどんな映画で、彼女がどういう心境で映画を見ていたのかという物語を……。このように物語をつくることが、物語る力を高めるきっかけになります。

　その上で、さらにもう1枚の写真を見せます。そして、先ほどの泣いている女性の写真から考えた物語との因果関係を考えてみるのです。

　例えば、男性がマラソンをしているシーン＜写真B＞だとすると、この男性がマラソンに全力を注ぐために、先ほどの女性と恋愛関係にあったのに別れてしまったという物語や、女性が見ていたマラソンをテーマにした映画の主人公がこの男性だったという物語ができてきます。このようにし

＜写真A＞

＜写真B＞

て先ほどの物語が新しくつくり変えられることになります。

　物語とは、出来事がつながって因果関係を築きながら紡がれていくものです。したがって、新しい出来事が加わることで、物語はより豊かな物語へと更新されるのです。

　ナラティヴ・コミュニケーションとして物語る上で、自らの思い込みや先入観によって新しい出来事（情報）をシャットアウトするのではなく、新しい出来事（情報）を取り入れ、物語を更新していく大切さを学べることをねらいとしています。

9. ウソつきはどっちだ？

2対2のグループワーク

どちらがウソをついているのかを見つけ出しましょう！

　CHAPTER Ⅲで、相手の意識を読み開くためには、自分自身の意識を間主観的に働かせる必要があると述べました。このことを体験的に理解するためのワークを紹介しておきます。

　最初に2人組のチームになります。そして、1つの問いに対してどちらかは本当のことを、どちらかはウソのことを考えます。例えば、「これまでに飼ったことのあるペットは？」という問いについて、Aはカメ（本当のこと）と言い、Bはニワトリ（ウソのこと）と言います。この際、どちらがウソつきになるかを事前に打ち合せしておきます。

　次に、ほかのチームと一緒になり、一方のチームがこれまでに飼ったことのあるペットを発表します。その後、相手チームから5分間程度の質問を受けることになります。例えば、「カメの種類は？」「ニワトリの名前は？」などです。ここで、本当のことを言っているAもウソのことを言っ

ているBも、それを見抜かれないようにしなければなりません。Aがわざと言葉を詰まらせてみたり、Bがスラスラと答えてみたりと演技をするのです。質問タイムが終わると、相手チームはどちらがウソをついているのか相談し、「ウソつきはA（または、B）のほうだ！」と発表します。

　他にも、これまで行ったことのある観光地という問いなどもいいでしょう。さらに、あまり知られていないマニアックな映画や本、漫画のタイトルを一方が出して、もう一方は架空のタイトルを出すなど上級レベルもあります。

　このように、相手に見抜かれないようにウソをついたり、どちらがウソをついているかを見抜こうとしたりするとき、意識をしっかりと働かせる必要があります。とりわけ、他者（相手チームや同じチームのパートナー）がどのように意識しているのかを自分自身の意識のなかに取り込みながら、自分の意識と行為を調整することが求められるわけですから、間主観的な意識を働かせるのには妥当なワークと言えるでしょう。

10. このカードを最後の1枚に!

ペアワーク

1枚のカードを相手から取られないように配置してみましょう!

9のワークと同じように、相手の意識を自分の意識のなかに取り込み、間主観的な意識を働かせるためのきっかけづくりになります。

まず、下のようにA〜Eと書かれたカードを用意しておきます。

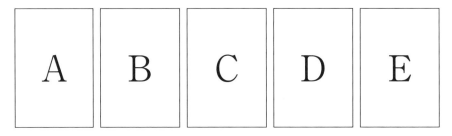

次に、ペアになって、一方が相手に取らせたくない(最後まで残したい)カードのアルファベットをメモ用紙に1つだけ書きます。このとき、絶対に相手にそのアルファベットを見られないようにしましょう。そして、相手の見ている前で5枚のカードを並べます。「このように並べたら、相手は該当するカードを取らないはず……」と考えながら並べます。カードは横一列に並べなくてもけっこうです。十字でも円形でも、自由に配置をデザインしてください。

そして、カードを並べたら、相手に1枚ずつ取ってもらってください。その間に、相手側が「このカードを取らせたくないから、ここに置いたんでしょう?」などと探りを入れると、さらにゲーム性は高まるでしょう。また、途中でカードを並び替える(シャッフルする)というルールを加えるのもおススメです。

最終的には、相手が4枚のカードを取って1枚だけ残ったとき、そのカードがメモ用紙に書いたアルファベットであれば、見事相手に取らせな

かったので「カードを置いた人の勝ち」、違っていれば相手にカードを取られてしまったので「カードを取った人の勝ち」となります。

こうして、お互いに意識を読み開き合ったり、刺激し合ったりすることを、ゲーム感覚でできるペアワークです。

11. 三分割リフレクションシートを活用する！

最後に、これは単独のワークではないのですが、それぞれのワークをフィードバックする際に三分割リフレクションシートを活用することをおススメしておきます。

これまで、それぞれのワークのねらいを解説してきましたが、いずれのワークにも共通するのがコミュニケーション実践として必要とされる意識の働きを促している点です。そうなるように意図的にコミュニケーション場面を設定したワークだからです。そのため、せっかく意識をしっかりと働かせたので、丁寧に省察すれば今後の改善にもますます役立ち、コミュニケーション力の効果的な向上にもつながるでしょう。

したがって、CHAPTER Ⅲで紹介した三分割リフレクションシートを活用して記録し、記録したシートをさらにペアやグループ内で共有・検討すれば、より確かなフィードバックになります。とりわけゲーム性の高いワークの場合、楽しんで終わりという方向にも向かいかねません。ワークがやりっ放しになってしまうことなく、学びを強化するためにもおススメします。

参考文献

1）コミュニケーション論に関する参考文献
・橋本満弘・石井敏編『コミュニケーション論入門』（コミュニケーション基本図書第 1 巻）168-193頁、桐原書店、1993年
・宮原哲『新版入門コミュニケーション論』松柏社、2006年
・小山亘『コミュニケーション論のまなざし』三元社、2012年
・林進編『コミュニケーション論』有斐閣、1998年
・長谷正人・奥村隆編『コミュニケーションの社会学』有斐閣アルマ、2009年
・貴戸理恵『「コミュニケーション能力がない」と悩むまえに　生きづらさを考える』岩波ブックレット、2011年
・橋本良明編著『コミュニケーション学への招待』大修館書店、1997年
・渡邉忠・渡辺三枝子『コミュニケーション力―人間関係づくりに不可欠な能力』社団法人雇用問題研究会、2011年
・日本コミュニケーション学会編『現代日本のコミュニケーション研究―日本コミュニケーション学の足跡と展望』、三修社、2011年
・末田清子・福田浩子『コミュニケーション学―その展望と視点』松柏社、2003年
・立川敬二監修／飯塚久夫・川浦康至・小林宏一・徳永幸生編著『コミュニケーションの構造―人間・社会・技術階層による分析』NTT出版、1993年
・奥村隆『反コミュニケーション』弘文堂、2013年
・デヴィッド・ボーム著、金井真弓訳『ダイアローグ―対立から共生へ、議論から対話へ』英治出版、2007年
・マイケル・トマセロ、松井智子・岩田彩志訳『コミュニケーションの起源を探る』勁草書房、2013年

2）コミュニケーション実践（力）・ナラティヴ・コミュニケーションに関する参考文献
・平田オリザ『わかりあえないことから』講談社、2012年
・浜田寿美男『「私」とは何か―ことばと身体の出会い』講談社、1999年
・ドナルド・ショーン、佐藤学・秋田喜代美訳『専門家の知恵　反省的実践家は行為しながら考える』ゆみる出版、2001年
・ペプロウ、稲田八重子ほか訳『人間関係の看護論』医学書院
・住野好久、中山芳一『学童保育実践力を高める―記録の書き方・生かし方、実践検討会のすすめ方』かもがわ出版、2009年
・中山芳一『学童保育実践入門―かかわりとふり返りを深める』かもがわ出版、2012

年
- 二宮厚美『発達保障と教育・福祉労働―コミュニケーション労働の視点から』全国障害者問題研究会出版部、2005年
- 松下佳代編著『〈新しい能力〉は教育を変えるか―学力・リテラシー・コンピテンシー』ミネルヴァ書房、2010年
- 文部科学省「今後の学校におけるキャリア教育・職業教育の在り方について　中央教育審議会答申」『文部科学時報』平成23年3月臨時増刊、ぎょうせい、2011年
- 金井壽宏・楠見孝編『実践知―エキスパートの知性』有斐閣、2012年
- 野口裕二『ナラティヴの臨床社会学』勁草書房、2005年
- 仲島陽一『共感の思想史』創風社、2006年
- 中島・安藤・子安・坂野・繁桝・立花・箱田編『心理学辞典』有斐閣、1999年
- 中村和夫『認識・感情・人格－精神発達におけるその統一的理解』三和書房、1983年
- 佐伯胖編『共感　育ち合う保育のなかで』ミネルヴァ書房、2007年

3）コミュニケーション力向上のための学習方法に関する参考文献
- 溝上慎一『アクティブラーニングと教授学習パラダイムの転換』東信堂、2014年
- 松下佳代編著『ディープ・アクティブラーニング―大学授業を深化させるために』勁草書房、2015年
- 津村俊充『プロセス・エデュケーション―学びを支援するファシリテーションの理論と実際』金子書房、2012年
- 南山短期大学人間関係科監修、津村俊充・山口真人編『人間関係トレーニング―私を育てる教育への人間学的アプローチ』ナカニシヤ出版、1992年
- 星野欣生『人間関係づくりトレーニング』金子書房、2003年

おわりに

　拙著『学童保育実践入門—かかわりとふり返りを深める』をかもがわ出版から刊行して３年が経とうとしています。この３年間でまた一段と社会全体が変化してきました。社会の変化に伴って、学生たちの就職活動も変化し、学童保育も子ども・子育て支援新制度の流れのなかで大きく変化しています。社会、歴史、文化などの大きな文脈との因果関係によって、就職活動も学童保育もそれぞれの文脈を織りなしていくのだとつくづく実感する昨今です。

　この５年間、私は大学のキャリア教育と研究フィールドの学童保育とにかかわってきました。そして、３年前の『学童保育実践入門』を書き上げた直後、いつかはこの２つをつなげられるような本を書いてみたいと思うようになっていたのです。その当時、ちょうど頭のなかに思い浮かんでいたのが「コミュニケーション力」でした。この力は、社会に歩みを進める学生たちにとっても、学童保育に従事する方たちにとっても、最も肝要な力だからです。しかし、「はじめに」でも述べた通り、コミュニケーションそのものはあまりに深淵な概念です。文字にする執筆は、口頭での授業や研修とは異なるため、本当にここに着手してよいものなのか悩み、執筆に尻込みしている自分を感じていました。そんな時、編集者の吉田茂さんから「コミュニケーション実践」というヒントをいただき、コミュニケーション実践とコミュニケーション力との関係性に焦点を当てたとき、一筋の光明が差してきたように思います。

　「コミュニケーション実践における意識の働きを高めることが、コミュニケーション力の向上につながる。そのためには、省察が必要である。」

と本書で繰り返し出してきた考え方が、本書の大きな柱でもあります。そして、これこそいま私が学生たちにメッセージとして伝えたいことです。「コミュニケーション力に自信がなくて……」という学生が私の授業を受講しています。なかには、大学生になってコミュニケーション力など高まるわけないと、諦めつつダメ元で受講する学生もいます。そんな学生たちに向けて授業の初回では、「高められるから『力』なんだ！」と伝え、「コミュニケーション（実践）は心でするものではない！　頭で（意識的に）するものだ！　だから（省察して）鍛え、高めることができるんだ！」と主張します。その言葉に安心感を抱いてくれ、15回を終えた後のアンケートには「コミュニケーションに自信が持てるようになりました」と届けてくれる学生も少なくありません。

　また、学童保育では2015年度から「放課後児童支援員」という国家資格に準じた資格制度が導入されています。そのため、国が放課後児童クラブ運営指針も策定し、そこで放課後児童支援員等は子どもと保護者の支援に取り組むことが明確に位置づけられました。1人ひとりの子どもに発達の支援（育成支援）を、保護者には仕事と子育てを両立できるための支援を、ということです。この支援の中核にあるのは、まちがいなくコミュニケーション実践です。社会の変化によって、新しい制度や新しい言葉が生まれてくるなかであっても、これまで大切にされてきた本質に磨きをかけ、それを貫いていくことも必要だと思うのです。私は、これまでも学童保育の研修会において「行き当たりばったりとやりっ放しはプロ（専門職者）がやることではない！」と伝え続けてきました。コミュニケーション実践として意識を働かせれば、行き当たりばったりにならないでしょう。そして、コミュニケーション実践としての意識と行為を省察すればやりっ放しにもならないでしょう。これから学童保育指導員（放課後児童支援員等）は、資格制度導入によってますます子どもと保護者を支援する専門職者（コミュニケーション労働者）であることが求められます。だからこそ、1人ひとりがコミュニケーション力に磨きをかけることは、これまで以上に重

要となるでしょう。

　現在の私のキャリアから、大学生と学童保育の２つに限定してしまいましたが、もちろんコミュニケーション力はさまざまな仕事、日常生活のなかで広く求められる力です。つきましては、本書が大学生や学童保育関係者に限らず、より多くの方々のコミュニケーション力に磨きをかけるきっかけとなることを願っております。

　最後になりましたが、本書執筆にあたって日頃から私に大切な示唆を与えてくださっている先生方、学童保育関係者の方々、岡山大学学生の方々にこの場をお借りして感謝申し上げます。みなさんとの日々のコミュニケーション実践がなければ、本書を執筆することなどできませんでした。また、この実践入門シリーズ第２弾でも、再びかもがわ出版の吉田茂さんから多大なご支援をいただきました。ありがとうございます。

　そして、学生時代から現在までの20年間、私自身のコミュニケーション実践を支えてくれている妻に、この場を借りて感謝したいと思います。

2015年10月

中山　芳一

中山芳一／NAKAYAMA Yoshikazu

　1976年１月21日、岡山県岡山市生まれ。
　大学卒業後、学童保育指導員を９年間勤めるなかで、学童保育の研究の必要性を痛感したことから指導員を退職。現在は、学童保育をはじめ保育所、幼稚園、小学校などの各実践現場での教育方法学研究を行っている。岡山大学では、キャリア教育を通して学生たちがコミュニケーション力などのさまざまな能力を豊かに形成できるための実践と研究を進めている。

＜主な役職＞
岡山大学教育推進機構准教授
（特非）日本放課後児童指導員協会副理事長
（一社）子ども學びデザイン研究所所長
（一社）日本ネクストキャリア協会常任理事

イラスト●ノーイン株式会社
装　　丁●中村　義友（エス・エヌ・ピー）
組　　版●東原　賢治（エス・エヌ・ピー）

コミュニケーション実践入門

2015年12月１日　第１刷発行
2023年１月20日　第２刷発行

著　者──中山　芳一
発行者──竹村　正治
発行所──株式会社　かもがわ出版
〒602-8119　京都市上京区堀川通出水西入
☎ 075(432)2868　FAX 075(432)2869
振替 01010-5-12436
ホームページ　http://www.kamogawa.co.jp
印　刷──シナノ書籍印刷株式会社

ISBN978-4-7803-0810-5　C0037

●実践力を高めるために

学童保育実践入門
かかわりとふり返りを深める

中山芳一・著

子どもにとって放課後とはどういう場なのか、学童期を対象とする実践にはどういう特徴があるのか。学童保育実践の質を高めていくためにどのような協働が必要なのかを、現場の悩みにこたえつつ丁寧に論じる。

1500円（＋税）

●大学生をどう生きるか

大学生のための
キャリアデザイン

ヒューマンパフォーマンス研究会・編

1500円（十税）

キャリアデザインを職業教育におしこめることなく、大学生活をより豊かに送ることを基本にして、自分探しと自分理解の上で社会や仕事を知り、日々の問題を解決するスキルを身につけられる、はじめてのテキスト。

●SSWがよくわかる

子どもが笑顔になるスクールソーシャルワーク

高良麻子・佐々木千里・鈴木庸裕・編

1800円(＋税)

【教師のためのワークブック】ソーシャルワークの考え方や支援方法を現場にそくして解説。コピーして使える幼・小・中・高のアセスメントシートをはじめ、実例に則したワーク形式の解説で、機関連携の意味が実感できます。

●苦手な子どもが読める遊びのルールブック

ソーシャルスキルとしての あそびルール攻略ブック

大畑 豊・著

1800円(＋税)

集団遊びが苦手な子どもたち。遊びに参加できないのには理由があります。勝ち負けへのこだわりや、感覚過敏など理由を理解して参加につなげる方法を学ぶことができます。子どもが読んで考えられるような構成の工夫も。